과학×상상력 충전 프로젝트

곽재식의 괴물 과학 수사대

글쓴이 **곽재식**

공학 박사이자 SF 소설가, 숭실사이버대학교 환경안전공학과 교수. 한국 전통 괴물들을 소개한 《한국 괴물 백과》《괴물, 조선의 또 다른 풍경》, 과학 논픽션《지구는 괜찮아, 우리가 문제지》《그래서 우리는 달에 간다》《휴가 갈 땐, 주기율표》, 어린이를 위한 동화《고래 233마리》, 청소년 논픽션《곽재식의 미래를 파는 상점》《괴물 과학 안내서》, 소설《빵 좋아하는 악당들의 행성》《ㅁㅇㅇㅅ》등 수많은 책을 썼습니다. '김영철의 파워FM' 등 여러 방송에서 "얼마나 신기합니까!"라고 외치며 과학 지식을 바탕으로 세상의 모든 호기심을 집요하게 파헤치고 있습니다.

글쓴이 **강민정**

재미있는 이야기를 쓰는 데 온 열정을 쏟는 동화 작가. 2017년《환상 해결사》로 제2회 No. 1 마시멜로 픽션 우수상을 받았습니다. 우리 옛이야기 소재를 담은 참신한 판타지로 열렬한 팬 층을 확보한〈환상 해결사〉시리즈를 계속 이어 가고 있습니다.

그린이 **박그림**

만화가이자 일러스트레이터. 이상하고 아름다운 만화를 만들어 왔습니다.

곽재식 · 강민정 글 | 박그림 그림

과학×상상력 충전 프로젝트

곽재식의 괴물 과학 수사대

위즈덤하우스

괴물의 정체를 추적하고 파헤치는 사람들의 이야기

무섭고 이상한 이야기, 알 수 없는 괴물에 관한 소문은 우리를 궁금증과 호기심에 빠지게 만듭니다. 바로 거기에 재미의 뿌리가 있기에, 괴물 이야기를 즐기는 가장 멋진 방법은 그 이상한 대상의 정체가 무엇인지 추측하고 상상해 보는 것이라고 생각합니다. '그건 그냥 전설로 내려오는 사나운 괴물이야.'라는 말을 그대로 받아들인다면 괴물 이야기가 품은 신비하고 짜릿한 재미를 놓치게 됩니다. 새로운 상상, 새로운 과학 기술을 이용해서 괴물의 정체를 다각도로 밝혀 보면, 괴물 이야기는 더욱 풍부해집니다. 괴물 이야기가 유행하고 있는 사회의 모습이 드러나기도 하고, 괴물 이야기가 사람들에게 퍼져 나갈 수 있었던 다양한 조건에 대해서도 관심을 가져 볼 수 있습니다.

이 책에서는 바로 그렇게 괴물 이야기를 가장 깊게 즐길 수 있도록, 괴물의 정체를 추적하고 파헤치는 사람들의 이야기를 담아 보았습니다. 어린이들이 옛 기록에 짤막하게 등장한 괴물을 신나는 모험 속에서 다채롭게 경험할 수 있는 책을 만들고자 노력했습니다. 지금 그 노력의 결과를 보니, 저는 상당히 훌륭하다고 감히 평하고 싶습니다. 함께 애써 주신 강민정 작가님께 특별한 감사의 말을 덧붙입니다.

곽재식

읽는 즐거움!
상상하는 즐거움!

저는 전래 동화를 좋아하는 아이였습니다. 그중에서도 특히 괴물이 등장하는 오싹오싹한 전래 동화를 좋아했어요. 〈은혜 갚은 까치〉에 나오는 '사람으로 변신하는 구렁이', 밤마다 동물의 간을 빼먹는 무시무시한 '여우 누이'……. 이야기 속 괴물들은 어쩌면 이렇게 신기하고 매력적일까요? 저는 그 괴물들이 등장하는 다른 이야기를 상상해 보곤 했습니다. 변신 구렁이가 복수에 성공하는 이야기, 여우 누이가 '간을 먹어야만 하는 운명'을 벗어나기 위해 노력하는 이야기를 말이에요. 이런 끝없는 상상들이 오늘날 저를 작가로 만들어 주었습니다.

괴물 이야기는 어린이들에게 읽는 즐거움과 상상하는 즐거움을 알려 줍니다. 어린 시절의 제가 그랬듯, 새로운 괴물 이야기를 만들면서 끝없이 사고를 확장시키도록 도와주죠.

이번에 《곽재식의 괴물 과학 수사대》를 작업하면서 꼭 어린 시절로 돌아간 느낌이었습니다. 그때는 몰랐던 새로운 '한국 괴물'을 알게 되면서 설렜어요. 괴물 이야기를 과학의 시선으로 살펴볼 수도 있어서 흥미로움이 더욱 커졌지요. 분명 이 책을 읽고 자신만의 괴물 이야기를 만들 친구들이 있으리라 생각합니다. 여러분의 특별한 괴물 이야기를 기대합니다!

강민정

등장인물

박다희

초등학교 6학년생.
엉뚱한 헛소문을 잘 믿지 않는다. 과학으로 설명되지 않는 건 없다고 믿는다.

이아영

특별수사청 괴물 팀(괴이한 정보 및 생물 처리 팀)의 수사관.
괴물, 미스터리를 잘 믿는다.
올림픽 양궁 3관왕 출신이다.

차례

최기원

특별수사청 정보 지원 팀의 연구원. 각종 정보에 해박하며 컴퓨터를 잘 다룬다.

안녕하세요, 다희 님!
저는 특별수사청 괴물 팀 수사관 이아영이라고 해요.
별자리점
괴물 팀요? 무슨 소리세요?
어서 나가세요!
다희 님! 전 이상한 사람 아니에요!

꼭 전해야 할 말이 있다고요.
괴물 팀이 뭔데요? 도대체 누구세요?
괴물 팀에 대해 처음 들으세요? 다희 님 어머님이 일하는 곳인데….
별자리 점
이 집은 특별수사청에서 어머님께 빌려준 거예요. 어머님이 행방불명이라 이제 집을 빼셔야 하고요.
그랬다. 엄마가 사라진 지 일주일째였다.
하지만 걱정 마세요! 다희 님이 저희 팀을 돕는다면 이 집에서 계속 지내실 수 있어요!
뭐라는 거야?

아, 설명이 필요하겠군요! 저희 괴물 팀은 상식을 벗어난 기이한 사건들을 처리하는 특별수사청 소속 팀이에요.
다희 님의 어머니는 저희 팀의 유일한 '특수 능력자'셨죠
그런데 갑자기 일주일 전에 사직서 한 장 덜렁 써 놓고 사라지셨어요.
사직서
다희 님 어머님의 개인 정보 서류에 '특수 능력자' 대리인으로 다희 님이 기록되어 있어 찾아온 거예요.
대리인- 박다희
박다희
(관계:딸)
특징: 특수 능력
괴물 팀은 특수 능력자가 꼭 한 명 있어야 출동할 수 있다는 규정이 있는데, 어머님이 사라지는 바람에 저희 팀의 현장 출동이 마비되었거든요.
이대로라면 괴물 팀이 위태로워요.
저도 다희 님도 모두 엄청나게 곤란해지는 거죠! 도와주세요!

무슨 말인지 알겠어요. 근데 제가 특수 능력자라고요? 전 그런 능력 없는데요?
다희 님이 진짜 특수 능력이 있는지 없는지는 상관없어요! 공식 서류에 그렇게 써 있으니 그냥 함께 있어 주시기만 해도 된다고요!
나랑 장난치나?
그런데 다희 님은 어머님의 특수 능력에 대해 몰랐어요?
몰랐어요. 엄마랑 산 지 두 달밖에 안 됐어요. 게다가 일주일 전에 갑자기 사라져서….
?!
나를 찾으러 간다. 엄마
사실 엄마랑 지낸 두 달 동안 제대로 대화해 본 적이 없었다. 원래는 아빠랑 같이 살았는데, 아빠가 재혼하는 바람에 마음의 준비를 할 새도 없이 엄마와 함께 살게 된 것이었다.
?

괴물 팀에서 일해 주실 거죠?
다희 님이 거절하시면 저희 괴물 팀도, 이 집도 모두 사라져요!
집….
어쩔 수 없죠. 여기서 쫓겨날 수는 없으니까!
!
감사해요! 다희 님이 우리 괴물 팀의 은인이에요!
아, 네.

그럼
가 볼까요?
에?
우리의
첫 번째 사건을
해결하러요!
이렇게 당장
시작하겠다고?

사건 파일 1 **적색일괴**

밤하늘에서 꿈틀거리는 붉은 해파리 같은 괴물

다희는 아영과 함께 털털거리는 고물 차에 탄 채 고속 도로를 달리고 있었다. 바로 첫 번째 사건 현장으로 향하는 것이었다. 몇 분 전 사건 설명을 들었는데 이 상황이 너무 혼란스러워 한 귀로 흘리고 말았다. 다희는 사건에 대해 다시 한번 물었다.

"그러니까, 무슨 사건이라고요?"

"우주 괴물 소환 사건이요!"

"후……. 우주…… 괴물이요……."

아영의 해맑은 대답에 다희는 머리가 지끈거렸다. 괴물 팀에 특수 능력자에 우주 괴물까지, 믿기 힘든 허무맹랑한 소리의 연속이었다. 하는 말만 들으면 아영은 공무원이 아니라 사기꾼이 아닐까 의심스러울 정도였다.

"한 종교 단체 사람들이 산에 올라가서 일주일 밤낮으로 기도회를 여니까 밤하늘에 빛이 비치면서 이상한 소리가 들리기 시작했다네요. 그래서 우리 괴물 팀이 조사하러 가는 거랍니다."

그러면서 아영이 다희에게 휴대폰으로 동영상을 하나 보여 주었다. 어째선지 동영상은 화질이 몹시 좋지 않았다.

킥킥 삑삐리릭 키리릭!

동영상에서는 무슨 에스에프 영화에나 나올 것 같은 소리가 흘러나왔다. 그리고 붉은 뭔가가 밤하늘에서 꿈틀거리는 장면이 나타났다. 마치 빛으로 만든 긴 천이 구불구불하는 듯, 해파리가 하늘에서 춤을 추는 듯 보였다.

"이게 대체 뭐람?"

다희는 화면을 홀린 듯 쳐다봤다. 그런데 동영상 속에서 들려온 째지는 외침이 다희를 번쩍 정신 차리게 만들었다.

우주신이 나타나셨다!

델리델리 아호로아! 지구에 강림하소서!

사건 파일 1

우주 괴물 소환 사건

Sign in

Password

신뢰도

65%

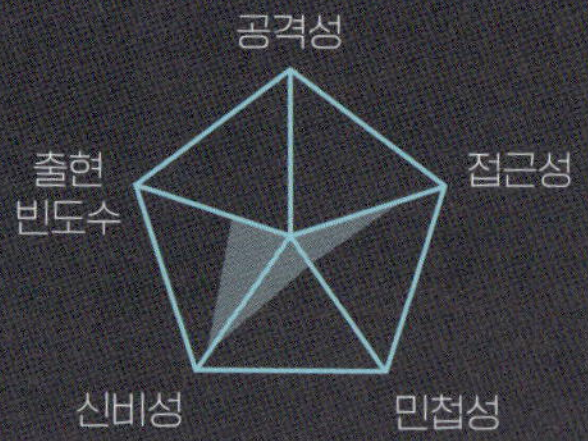

사건 개요

경북 팔공산 꼭대기 쪽 밤하늘에 아주 커다랗고 이상한 붉은 형체가 나타난다고 함.

피해자

◆ 심약돌 씨(72세, 팔공산 아래 마을 거주)
놀라서 쓰러질 뻔함.

제보 내용

- 해파리 같은 뻘건 것이 하늘에서 너울너울 춤추며 날아다녔어요!
- 어떤 종교 단체가 산꼭대기에서 기도회를 연 일주일 뒤부터 괴물이 나타났어요.
- 종교 단체 사람들이 저것을 '우주신'이라고 불렀습니다.

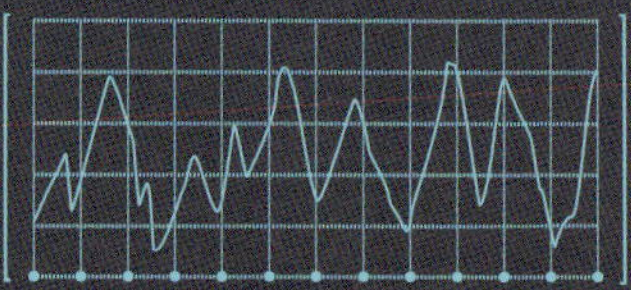

'맞다! 이거 이상한 종교 단체랑 관련된 일이라고 했지. 그렇다면 현실일 리가 없지.'

다희는 차가운 목소리로 말했다.

"에이, 합성한 동영상 아니에요? 요새는 이런 거 누구나 다 만들어요."

"아니에요. 저희 정보 지원 팀이 조사했는데, 조작되지 않은 동영상이래요."

"네? 진짜요? 하늘에 정말 이런 이상한 게 꿈틀거린다고요?"

못 믿겠다는 표정으로 되묻는 다희에게 아영은 경쾌하게 고개를 끄덕이며 이어 설명했다.

"저희도 무척 의심스러워서 이전 기록들을 좀 뒤져 봤어요. 그런데 조선 시대에도 비슷한 일이 있었더라고요. 《숙종실록》에 너울너울 움직이는 붉은 괴물을 목격했다는 기록이 있어요."

"붉은 괴물요?"

"네. 붉은색과 흰색으로 왔다 갔다 하며 변한대요. 얼핏 보기에 비단 폭을 펼친 것 같은데, 숨기고 있던 머리를 내밀면 용 같은 무서운 모습이래요. 훗날 사람들이 이를 '적색일괴' '적색괴' 같은 이름으로 부르며 정체를 좇아 왔더라고요."

《숙종실록》이라면 신뢰도 높은 기록으로 이름난 《조선왕조실록》의 한 부분이었다. 그런데도 다희는 의심을 거둘 수가 없었다. 하늘에 괴물이 있다니, 옛날 사람들이 뭘 모르고 한 말 같았다. 옛날 사람들은 산에는 신선이 살고, 손톱을 버리면 둔갑 쥐가 먹는다고 믿지 않았는가.

다희는 콧방귀를 핑 뀌었다.

"괴물은 무슨……. 세상에 그런 게 어디 있어요? 그냥 자연 현상이겠죠. 개기 월식이 일어날 때 달이 붉게 보이는 것처럼요."

"그래도 뭔가 이상하잖아요. 종교 단체가 기도하자 갑자기 생겨났다는 게. 게다가 이 괴물 때문에 마을 어르신이 놀라 쓰러질 뻔했다니, 무척 위험하다고요. 상식을 벗어난 괴이한 일. 우리 괴물팀이 조사하는 게 바로 그런 일이에요."

"상식을 벗어나는 일이라……."

다희는 아영의 말이 별로 달갑지 않았다. 옛날부터 괴물, 미스터리라면 진저리를 쳤으니까.

"언니, 난 이 세상에 과학으로 설명되지 않는 건 없다고 믿어요."

"네? 뭐라고요?"

다희의 목소리가 너무 작아 잘 안 들린 모양이었다. 아영이 고개를 갸웃하며 되물었지만, 다희는 대답하지 않았다. 어쩐지 기분이 가라앉은 것 같은 다희 모습에 아영은 더 말을 걸지 않았다. 둘 사이에 털털털, 고물 자동차 굴러가는 소리만 가끔씩 들릴 뿐이었다.

해가 슬금슬금 지는 저녁, 팔공산의 울퉁불퉁한 산길을 오르는 그림자가 있었다. 다희와 아영의 그림자였다.

그런데 이게 무슨 일인지 두 사람의 그림자가 하나로 합쳐져 있었다. 아영이 다희를 업고 산을 오르고 있었기 때문이다.

아영은 초등학교 6학년짜리를 업은 것치곤 숨도 고르고 별로 힘들어 보이지 않았다. 그래도 다희는 미안해서 어쩔 줄 몰라 했다.

"언니, 내가 괜히 다리 아프다고 해서……. 안 힘들어요?"

"하나도요. 나 이래 봬도 국가 대표 선수 출신이에요."

"네? 무슨 국가 대표요?"

"올림픽 양궁 3관왕이에요. 4년 전이라 다희 님은 잘 모르겠지만……."

"와, 대단하다!"

다희는 마구 감탄하면서도 속으로는 딴생각을 했다.

'이런 식으로 국가 대표 선수 출신인 걸 자랑하다니, 이 언니 귀엽네!'

그러고 슬며시 미소 지으며 넓고 따뜻한 아영의 등에 살포시 기대었다.

얼마나 더 산을 올랐을까. 다희는 점점 마음이 싱숭생숭해졌다. 어른이 이렇게 다희를 오래 업어 준 건 처음이었다. 아빠와는 데면데면한 사이였고, 엄마와는 얼마 전까지 교류조차 없었으니까. 좀 전까지만 해도 괴물 팀 일에 트집을 잡았으면서, 갑자기 아영을 열심히 돕고 싶은 마음이 생겼다. 고작 한 번 업어 줬다고 말이다. 아, 이런 갈대 같은 마음이라니.

"언니, 제 생각에는……."

"네?"

"혹시 동영상 속 붉은 뭔가가, 빔 프로젝터 같은 걸로 하늘에 쏜 빛은 아닐까요?"

"빔 프로젝터요?"

"정말로 우주 괴물을 소환했을 리가 없잖아요. 그 종교 단체에서 초대형 빔 프로젝터로 하늘에 붉은 괴물을 만들었을 수도 있겠다 생각했어요."

"오, 일리가 있는 말이네요."

다희의 추리에 아영이 감탄했다. 다희는 신이 나서 다른 추리도 꺼냈다.

"음, 아니면 연막탄을 하늘에 던져서 붉은 연기를 퍼뜨렸을 수도 있어요. 분명 엄청난 양이 필요할 테니까, 어쩌면 주변에 연막탄의 흔적이 남아 있을지도 몰라요."

"그럴 수도 있겠네요. 정상에 도착하면 주변을 둘러보죠."

또 곰곰 궁리하던 다희가 퍼뜩 무슨 생각을 떠올렸다.

"아, 언니! 여기 팔공산의 전기를 잠깐 끊을 수는 없을까요?"

"전기는 왜요?"

"만약 빔 프로젝터를 써서 하늘에 붉은빛을 만들어 낸다면, 그리고 오디오를 써서 키리릭 소리를 튼다면, 분명 어디서 전기를 끌어오고 있을 거예요. 만약 그 전기를 차단한다면 하늘에 우주 괴물이 나타나지 않겠죠."

"한번 해 볼 만한 실험이네요. 정보 지원 팀에 오늘 밤 몇 시간만이라도 전기를 끊어 줄 수 있나 물어봐야겠어요."

아영은 바로 주머니에서 휴대폰을 꺼내 전화를 걸었다. 그렇게 전화를 한 지 얼마 되지 않아, 등산로에 드문드문 있던 가로등이 뚝 꺼졌다.

순식간에 어두워지자 다희가 깜짝 놀라서 몸을 움찔거렸다. 그런데 아영은 다희가 겁을 집어먹을 새도 없이 품속에서 등산용 헤드라이트를 꺼내 머리에 쓰지 않겠는가.

엄청나게 밝은 헤드라이트 불빛에 주변이 금세 환해졌다. 다희는 완전히 얼빠진 표정이었다.

아영의 준비성에 놀랐고, 전기가 생각보다 빨리 끊어져서 또 놀랐다. 전화 한 통에 이렇게 한 지역의 전기를 재깍재깍 끊어 주다니, 생각보다 괴물 팀이 꽤 힘센 국가 기관인 모양이었다. 놀란 다희를 보고 아영은 헤헤 웃으며 말을 걸었다.

“그런데, 다희 님은 어머니랑 많이 다르시네요. 다희 님 어머니는 이렇게 추리를 해서 사건을 수사하진 않으셨거든요.”

순식간에 다희의 표정이 샐쭉해졌다. 멋대로 딸을 두고 사라져 버린 엄마 얘기 따위 모른 척하고 싶었다. 하지만 그래도 엄마라고 은근히 궁금한 생각이 드는 건 어쩔 수 없었다. 결국 다희는 우물거리는 목소리로 물었다.

"그럼 어떻게 수사하셨는데요?"

"사건 현장에 가면, 그곳의 기억이라도 읽는 듯 금세 사건의 실체를 파악하시고 다 해결하셨어요."

그 이상한 특수 능력 얘기인가. 다희는 김이 팍 샜다. 다희에게 이런 얘기는 뜬구름 잡는 헛소리나 다름없었다. 흘끔 다희의 눈치를 본 아영이 얼른 말을 돌렸다.

"다희 님처럼 과학적으로 수사하는 것도 좋은 것 같아요. 특수 능력 없이도 누구나 수사할 수 있잖아요. 사실 특수 능력 있는 사람이 많은 게 아니라서요."

다희는 입을 꾹 다물고 아영의 등에 얼굴을 묻었다. 괴물, 미스터리 같은 건 질색이었다. 그걸 믿는 어른들도 싫었다. 그래도 아영이 다희를 이해해 주고 인정해 줘서 고마웠다. 아영 같은 어른이 가족이면 정말 좋을 텐데, 하는 생각이 들 정도였다.

두 사람이 산봉우리에 도착했을 때는 벌써 어두컴컴한 한밤중이었다. 여름날인데도 바람이 제법 거셌고, 바람 소리도 거칠었다. 휘오오 몰아치는 산바람 속에서 다시 그 이상한 소리가 들려왔다.

키리릭, 키릭, 삑, 삐리릭!

정말 머나먼 우주에 사는 괴물이 내는 것만 같은 소리였다. 그 괴상한 소리 속에서 다희는 가만히 하늘을 올려다봤다.

전기를 모두 끊었는데도 밤하늘에 붉은빛이 무리를 지어 일렁거리고 있었다. 깊은 바닷속에서 팔랑이는 해파리처럼 쉴 새 없이 움직이는 붉고 하얀 빛의 비단 안개. 다희는 순간 말을 잃고 말았다. 분명 땅에 단단히 발 디디고 서 있는데도 우주 한가운데 둥둥 떠 있는 느낌이 들었다. 정말 저 빛의 커튼 사이에서 거대한 해파리 모양의 우주 괴물이 나와 사람들을 모두 잡아가더라도 이상하지 않을 것 같았다.

다희와 아영이 묘한 기분에 사로잡혀 있던 그때, 어디선가 익숙한 외침이 들려왔다.

"델리델리 아호로아! 델리델리 무아모아!"

"우주신이여, 지구에 강림하소서! 믿지 않는 인간들에게 절망, 멸망, 파괴를 보여 주소서!"

동영상에서 들었던 우주교 신도들의 목소리였다. 다희와 아영은 동시에 소리가 나는 쪽을 돌아보았다. 절벽 위에서 스무 명쯤 되는 사람들이 무릎을 꿇어앉은 채 열성적으로 기도하고 있었다. 그들의 기도 소리와 하늘의 붉은빛, 그리고 키리릭 하는 이상한 소음은 묘

젤리젤리 아호로아!
젤리젤리 무아모아!

하게 어우러져 마치 세기말 같은 분위기를 자아냈다.

그 와중에 이상한 장면은 또 있었다. 우주교 신자들 사이에 웬 어린이가 끼어 있었던 것이다. 고작해야 유치원생 정도로 보이는 그 아이는 엄마를 붙들고 계속 칭얼거렸다. 아이가 집에 돌아가자고, 무섭다고 하는데도 엄마는 꼼짝도 안 하고 우주신에게 기도하는 데 집중했다.

“아니 지금이 몇 시인데! 유치원생은 자야 할 시간 아냐?”

다희는 잔뜩 화가 나서 시간을 확인하려 휴대폰을 꺼냈다. 그런데 휴대폰이 이상했다. 평소에 멀쩡하던 화면이 지지직거리며 터치가 잘 되지 않았다.

“어라, 휴대폰이 갑자기…….”

“다희 님 휴대폰도 이상해요? 제 휴대폰도 갑자기 깜빡깜빡하네요.”

이상한 일이었다. 멀쩡하던 다희와 아영의 휴대폰에 갑자기, 그것도 동시에 이상이 생기다니.

다희는 문득 이곳에 오는 길에 차 안에서 봤던 동영상이 생각났다. 그 동영상도 요즘 같은 시대에 찍었다고는 믿기지 않게 화질이 좋지 않았다. 혹시 이곳에선 두 사람의 휴대폰뿐만 아니라, 다른 전자 기기들도 잘 작동되지 않는 게 아닐까?

다희의 머릿속이 복잡하게 굴러갔다. 여기 오기 전엔 연막탄이나, 빔 프로젝터, 오디오를 이용한 사기가 아닐까 했었다. 하지만 막상 보니 붉은빛은 인공적인 빛과는 전혀 달랐고, 전기를 끊어도 사라지지 않았다. 그렇다면 자연 현상일 가능성이 높았다. 하늘에 붉은빛의 커튼이 생기는 자연 현상, 전자 기기의 작동을 방해하는 자연 현상이라……. 순간 작은 단서들이 모여 다희의 머릿속에 한 단어가 떠올랐다.

"아영 언니, 이 붉은빛은 혹시…… 오로라 아닐까요?"

"북극에서 보이는 그 오로라요?"

"네. 과학 시간에 영상 자료로 본 적이 있어요. 오로라가 나타날 때, 우주에서 날아오는 전기 입자 때문에 통신 장애나 전자 기기 오류가 생기기도 한댔어요."

"우리 휴대폰이 먹통이 된 게 저 붉은빛이 오로라라는 증거다? 흠, 그러고 보니 오로라랑 정말 똑같이 생겼네요. 텔레비전에서 본 오로라는 주로 초록색이었지만……."

아영은 말하다 말고 의아한 표정으로 다희에게 질문을 던졌다.

"그런데요, 정말 오로라가 우리나라에도 있을까요?"

"다들 오로라 하면 북극을 떠올려요. 한국에서 오로라를 보리라고는 상상하기 힘들죠. 그런데 정말 오로라가 북극에서만 나타날까요? 어디 확인해 볼 데 없어요?"

"잠시만요. 전화 좀 돌려 볼게요."

여기저기로 전화를 걸어 보던 아영이 갑자기 째질 듯이 소리를 질렀다.

"맞대요! 천문대 연구원에게 확인했어요! 우리나라에도 오로라가 나타난 적이 있대요. 여기서 가까운 보현산에서 관측했었다네요. 상황 설명을 하고, 휴대폰에 문제가 생겼다고 하니 오로라가 맞을 거래요!"

"와, 정말 오로라가 맞았다니! 과학 수사의 승리네요!"

다희는 잔뜩 신났으면서도 당연한 결과라는 듯 흥분한 표정을 감추려 애썼다.

"그러니까요! 우리 팀 이름을 바꿔야 할까 봐요. '괴물 과학 수사대'로요!"

호들갑을 떨던 아영은 퍼뜩 정신을 차린 듯 멈춰 섰다. 그러고는 팔을 걷으며 남은 일을 처리하려 나섰다. 아직 수상한 종교 단체 문제가 남아 있었으니까.

"그럼 전 이제 저 사람들을 해산시킬게요. 종교 활동은 자유라지만 주민들에게 피해를 주면 안 되죠. 그리고 내일 공식 입장문을 써서 산 아래 마을 곳곳에 붙여 둬야겠어요. 지역 사이트에도 게시해 두고요. 그럼 동네 주민들도 안심할 거예요."

아영은 공무원증을 높이 치켜들고 우주교 신도들에게 다가갔다. 그리고 신도들에게 당신들이 우주신이라고 말하는 건 오로라라고 어서 집으로 돌아가라고, 강하게 설득했다.

다희는 그 모습을 지켜보다가 문득 하늘로 다시 고개를 돌렸다. 수상하게만 느껴졌던 붉은빛 무리는 더없이 신비하고 아름다운 자연 현상이었다.

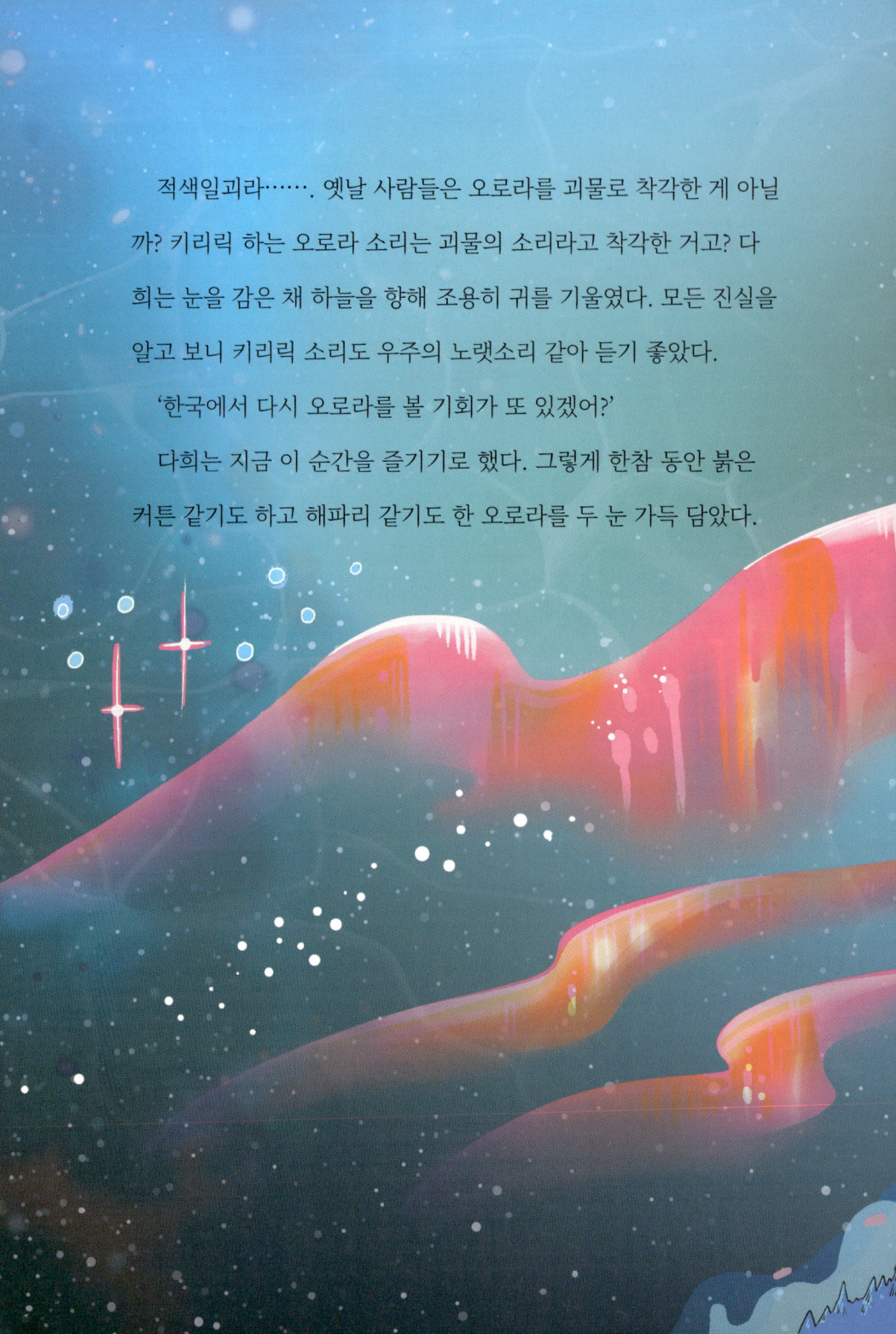

적색일괴라……. 옛날 사람들은 오로라를 괴물로 착각한 게 아닐까? 키리릭 하는 오로라 소리는 괴물의 소리라고 착각한 거고? 다희는 눈을 감은 채 하늘을 향해 조용히 귀를 기울였다. 모든 진실을 알고 보니 키리릭 소리도 우주의 노랫소리 같아 듣기 좋았다.

'한국에서 다시 오로라를 볼 기회가 또 있겠어?'

다희는 지금 이 순간을 즐기기로 했다. 그렇게 한참 동안 붉은 커튼 같기도 하고 해파리 같기도 한 오로라를 두 눈 가득 담았다.

하늘에 보인 **붉은빛 덩어리**의 정체는?

조선 하늘에 뜬 유에프오? 아니면 괴물?

《조선왕조실록》에는 하늘에서 나타난 이상한 현상들에 대한 기록들이 남아 있습니다. 무려 100여 건이나 된다고 하죠. 가장 유명한 것이 17세기 초반 광해군 때 유에프오라고 불리는 기록입니다. 호리병 같은 비행 물체를 봤다는 이 기록은 텔레비전 드라마 〈별에서 온 그대〉의 모티프가 되기도 했어요.

18세기 초반에도 그 못지않게 신기한 기록이 있습니다. 흔히 숙종 때 유에프오 기록이라고 하죠. 바로 앞에서 다룬 '적색일괴'에 대한 이야기입니다. '적색일괴'라는 말은, 괴물의 이름으로 쓰던 말은 아니고 그 이상한 현상을 묘사한 가장 대표적인 표현입니다. '붉은색 한 덩어리'라는 뜻이에요.

기록에 따르면, 지금의 부산 지역에서 1701년 음력 10월 18일 저녁 무렵에 붉은빛 한 덩어리가 보였는데, 별도 아니고 구름도 아닌 것이 모양은 그릇과 비슷했다고 합니다. 그런데 그것이 잠깐 사이에 흰 비단 모양으로 변해서 길이는 수십 미터 정도가 되었고, 점차 서쪽 하늘 끝으로 뻗치더니 일곱 마디 굴곡이 생겼다고 해요. 그러면서도 머리와 발이 있어서 꼭 용 모양과 비슷했는데, 얼마 후 서쪽에서 동쪽으로 향했다가 사라졌다고 되어 있습니다. 그러니까 처음에는 둥근 그릇과 비슷한 모양이었는데 마치 천이 너울거리듯이 길게 펼쳐지면서 용을 닮은 머리나 발을 내밀기도 했다는 뜻이 아닌가 싶습니다.

숙종실록 35권, 숙종 27년 10월 18일
해가 질 때 영두성(營頭星)이 하늘 가운데에서 나와 손방(巽方)으로 들어갔는데, 모양은 분미(盆尾)와 같았으며, 길이는 10여 자나 되어 반룡(盤龍)의 형상과 같았다. 소리가 나고 색은 흰색이었는데, 조금 있다가 사라졌다. 그 뒤에 제도(諸道)에서 서로 잇따라 장문(狀聞)하였다.

이 기록을 쓴 옛사람들은 본 것만 자세히 묘사했을 뿐, 이게 무엇이다 따로 의견을 달지 않았습니다. 이것은 과연 무엇일까요? 해파리 비슷한 형태의 괴물? 아니면 유에프오? 안타깝게도 정확하게 알 수는 없습니다. 그런데 너울거리는 모양이 붉은빛, 흰빛을 띠었다는 점에서 이 현상은 오로라와 닮았습니다.

벌겋고 하얀 빛이 너울대는 오로라! 옛사람들이 묘사한 것과 정말 비슷하지 않나요? 이 오로라는 2013년에 핀란드의 눈 덮인 숲에서 찍은 장면입니다.

오로라를 닮은 신기한 현상

한국에서는 보통 오로라가 관찰되지 않습니다. 하지만 오로라는 태양에서 나오는 전기를 띤 입자가 지구의 대기와 부딪히면서 빛을 내는 현상이므로, 태양의 활동이 갑자기 평소와 달라지는 등의 변화에 따라 간혹 평소에 잘 나타나지 않는 지역에서도 나타날 수 있습니다. 실제로 2015년 10월, 대한민국의 경북 영천 보현산 천문대에서 공식적으로 오로라 현상을 관찰한 적이 있지요.

따라서 만약 1701년에 특별히 우주에서 전기를 띤 입자가 많이 지구로 떨어지는 등 특별한 사건이 있었다면, 우리나라에서도 오로라가 생겨났을 수 있습니다. 평소에 오로라라는 현상을 상상하지 못했던 조선 사람들이 그것을 보고 신비로운 느낌을 받아, 밥그릇 모양, 비단 모양, 용 모양 같다고 다소 과장된 기록을 남겼을 것이고요.

오로라가 어떻게 만들어지는지 완벽하게 밝혀지진 않았습니다. 현대의 학자들은 과거의 오로라 기록들을 살펴보면서, 이런 현상이 어떻게 일어나는지 더 정확히 알아내려고 노력하고 있습니다.

호기심 과학 Q&A

오로라는 왜 생길까요?

태양은 전기를 띤 입자를 우주로 뿜어냅니다. 이 입자의 흐름을 '태양풍'이라고 하지요. 태양풍을 지구가 고스란히 맞게 된다면 아마 이 땅에 생명체는 하나도 없을 것입니다. 하지만 '지구 자기장'이 둘러싸고 있어서 문제없어요. 지구는 커다란 자석과도 같아서 자기장을 내거든요. 태양에서 날아온 전기를 띤 입자는 대부분 지구 자기장에 막혀 우주로 흩어지죠. 하지만 일부는 지구 자기장에 이끌려 들어옵니다. 이 입자가 지구의 대기와 부딪힐 때 신비로운 빛을 뿜는 거예요.

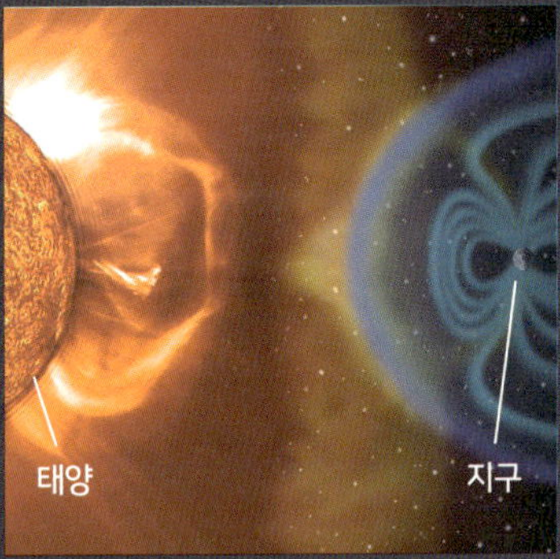

태양에서 쏟아져 나오는 전기 입자를 지구의 자기장이 방어하고 있어요. 하지만 지구 자기장에 이끌려 들어온 입자들이 있죠. 그게 오로라를 만들고요!

오로라는 왜 북극이나 남극에만 자주 나타나요?

지구 자기장에 이끌려 들어온 태양풍 입자들은 지구 자기력선을 따라 북극과 남극 같은 극지방으로 많이 움직이기 때문입니다. 막대자석의 N극과 S극에 철가루가 달라붙는 것처럼요.

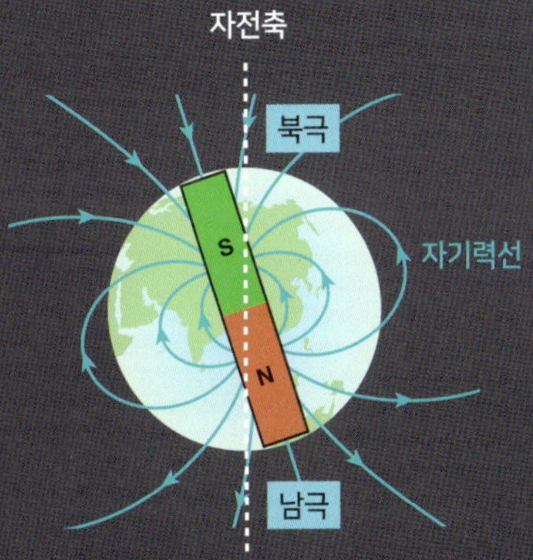

지구 자기장의 방향을 보여 주는 자기력선이에요.

사건 파일 2 거악

남해안에 나타난 거대한 악어 괴물

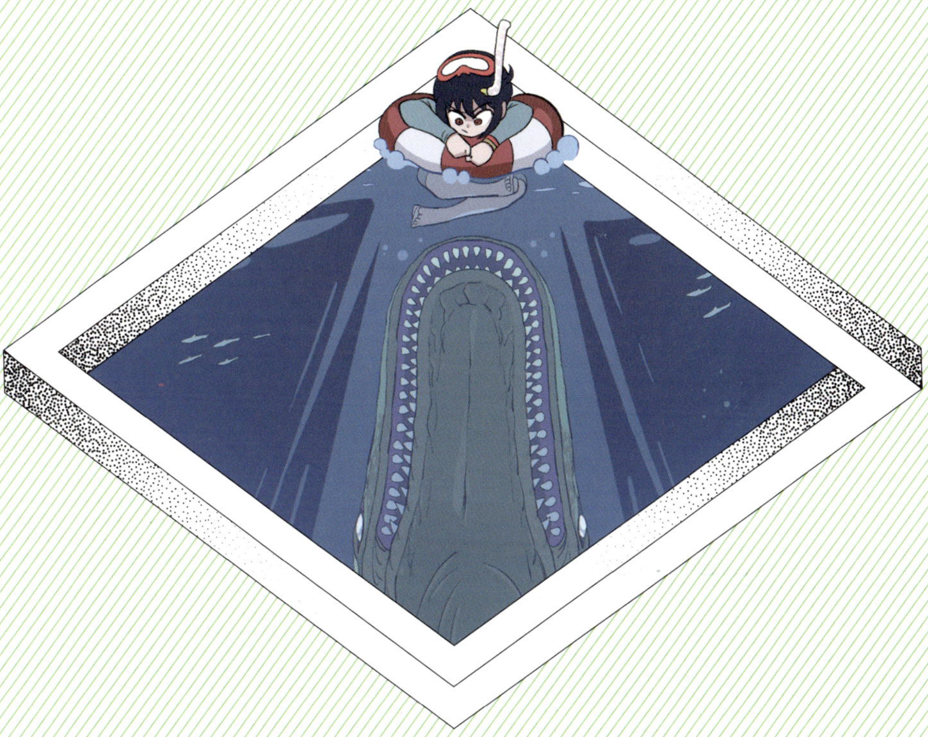

사건 파일 2

거대한 악어 괴물 사건

신뢰도

95%

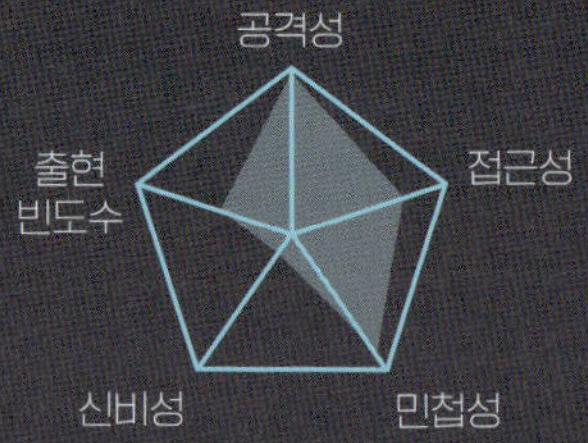

사건 개요

남해안의 해수욕장에서 거대한 악어가 나타나 서핑 하던 사람의 보드를 물어뜯었다고 함.

피해자

◆ 우리얼 씨(58세, 한국대 민속학과 교수)
정신적인 충격으로 병원에 입원함. 300만 원 상당의 서핑 보드가 부서짐.

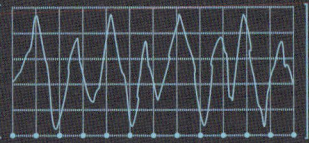

제보 내용

바닷가에 앉아서 대학원 동기인 친구랑 대화를 하고 있었을 때예요. 교수님 짐꾼으로 이곳에 끌려와 우울하다고 신세 한탄을 하고 있었지요. 아차차, 그게 중요한 게 아니라……. 아무튼 갑자기 비명이 들려왔어요. 저희를 끌고 온 교수님이 반만 남은 서핑 보드를 붙잡고 죽어라 소리치고 있었지요. '거악이 나타났다!'라고요.

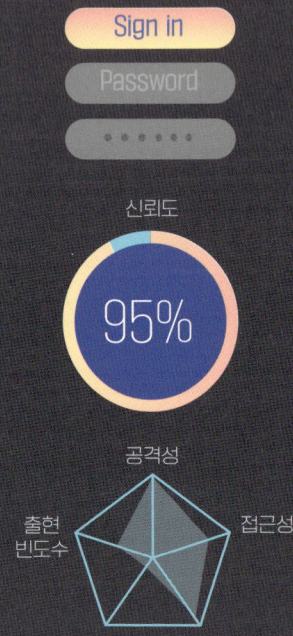

“거악이라고요? 그게 뭔데요?”

다희가 소파에 누워 아영에게 물었다. 아영은 냉큼 다희 옆에 앉으며 설명했다.

“조선 시대 때부터 목격담이 있는 괴물인데요. 커다란 악어와 비슷하다고 해서 흔히들 ‘거악’이라고 부르더라고요. 바닷속에서 사람들을 공격한다고 해요. 쇠붙이를 무서워해서, 옛날에 전복 따는 사람들은 칼에 방울을 달아 그 소리로 거악을 쫓으려 했다네요.”

“으음, 그렇구나. 또 이상한 괴물 얘기였구나.”

다희는 보고 있던 다큐멘터리 프로그램의 볼륨을 크게 높였다.

다희와 아영이 같이 지낸 지도 일주일째였다. 아영이 일방적으로 어린이는 혼자 살면 안 된다고 다희를 자기 집으로 데려왔다. 그래도 다희는 의외로 잘 적응하고 있었다. 심지어 아영과 꽤 허물없어져서 괴물 얘기를 지금처럼 모르는 척하기도 했다.

다희의 반응에 아영이 분해하며 말을 마구 쏟아 냈다.

“아니에요. 이번에는 진짜 괴물일 가능성이 있어요. 피해자가 한국대 민속학과 교수님이란 말이에요. 그분이 자기가 본 건 분명 《어우야담》에 나온 괴물이라고 증언하셨어요. 거악이 자기 서핑보드를 물어뜯었대요.”

"하하하! 괴물은 무슨……. 상어를 잘못 본 거겠죠."

"진짜래도요? 정보 지원 팀이 확인해 줬어요. 서핑 보드에 찍힌 게 상어 이빨 자국도, 고래 이빨 자국도 아니래요. 오히려 악어 이빨 자국과 비슷한데, 현재 세상에 알려져 있는 어떤 악어의 이빨 자국보다도 크다고 했어요. 자, 이 정도면 거악이라고 의심할 만하죠?"

아영은 의기양양하게 다희에게 조사 자료를 내밀었다. 서류엔 이렇게 쓰여 있었다.

조사 보고서

정보 지원팀

√ 조사 결과

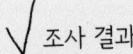

부서진 서핑 보드에 찍힌 이빨 자국은 한반도에서 서식하는 그 어떤 해양 생물과도 일치하지 않음. 굳이 따지자면 악어와 유사한 이빨 자국. 한반도에서 1억 1000만 년 전에 악어가 살았다는 연구 결과가 있음. 그 악어의 후손일 가능성도 배제하지 못함.

◆◆◆ 피해 교수의 말대로 '거악'일 가능성이 있음. 조선 시대 이야기책 《어우야담》에 따르면 이 괴물은 인명 피해를 많이 냈음. 안전에 특히 주의하여 조사하기를 바람.

'잠깐, 인명 피해라고? 저번 우주 괴물 소환 사건 땐 그런 말 없었는데. 이거 혹시 위험한 일인가?'

다희의 얼굴색이 흙빛으로 변했다.

"저…… 언니. 여기 나온 인명 피해란 게 뭐예요?"

"으음, 그게 조금 잔인한 얘기인데……."

그러고 아영은 비밀 얘기라도 하듯 다희의 귀에 대고 속삭였다.

"거악에 공격당한 사람이 물에 뜨고 보니까, 글쎄, 허리 아래가 없었대요."

"히이이익! 무섭잖아요!"

다희는 새된 비명을 지르며 귀를 막았다. 거악이 사람 허리 아래를 먹어 치웠다는 말 아닌가. 정말 공포 영화가 따로 없었다. 겁먹은 다희를 보며 아영이 크게 웃었다.

"하하하, 괜찮아요. 거악을 상대하는 건 저니까요. 저는 무척 세답니다! 거악 따위는 손쉽게 혼내 줄 수 있다고요. 언니 믿죠?"

"아니, 못 믿겠는데요."

"헉, 뭐 그래도 우리는 시민들의 안전을 위해 출동해야 해요. 자, 빨리 수영복 챙겨요. 출발합시다."

"수영복은 왜요?"

"일 끝나면 같이 바다에서 놀다 오게요. 물놀이 안 좋아해요?"

다희는 혀를 내두르며 아영을 쳐다봤다. 괴물이 나온다는 바다에서 정말 놀고 싶나? 정말 강적은 강적이었다.

사건이 일어난 바닷가는 아주 한적했다. 넓은 해수욕장에 사람이라고는 아무도 없었다. 이번 사건으로 일반인의 출입이 금지되었기 때문이다. 다희가 고요한 바다를 바라보며 아영에게 물었다.

"여기서 그 민속학과 교수님이 거악에게 공격을 당했단 거죠?"

"네, 거악이 나타났다고는 믿을 수 없게 평화롭네요. 어서 바다로 나가 수사를 시작해 보죠. 이번 수사는 해양 경찰이 함께할 거예요."

아영은 다희의 손을 이끌고 항구로 향했다.

항구에서는 커다란 해경 경비선 한 척이 두 사람을 기다리고 있었다. 다희와 아영은 해양 경찰의 안내를 따라 해경 경비선, 희망호에 올라타 바다로 나갔다.

괴물 팀과 해경이 주변 바다를 한 바퀴 둘러봤는데도 무시무시한 바다 괴물 따위는 찾을 수가 없었다. 해양 경찰은 조금 머쓱한 듯 목덜미를 문지르며 말했다.

"저희가 벌써부터 수색을 해 왔는데, 괴물은 보이지 않더라고요. 그사이 피해가 두 건 더 늘었어요. 그래서 좀 전부터 잠수정도 수색 작전에 합류했고요."

"잠수정이요? 지금 어딨어요?"

"지금 아마 이 근처에서 바닷속을 조사하고 있을 거예요."

"와, 신기해라. 저도 잠수정에 타 보고 싶은데."

다희가 저도 모르게 황홀한 표정을 지었다. 다큐멘터리로만 봤던 신비한 바닷속을 직접 볼 수 있다면 얼마나 낭만적일까? 똑똑한 문어나 꽃같이 화려한 말미잘들을 볼 수 있을지도 몰랐다. 다희의 들뜬 눈빛에 해경은 기분이 좋은지 시원스레 웃었다.

“하하! 그럼 이번 수색 끝나고 잠수정 체험 한번 해 보실래요?”

“정말요? 와아! 감사합니다!”

다희는 너무 좋아서 그 자리에서 펄쩍펄쩍 뛰었다. 아영은 그런 다희를 놀란 표정으로 쳐다보더니, 곧 귀여워 죽겠다는 듯 꼭 껴안았다.

“아, 다희 님도 애는 애네요. 전 어린애 탈을 쓴 어른인 줄만 알았는데.”

“네? 그게 무슨 말도 안 되는 소리예요?”

부끄러워진 다희가 아영을 밀어냈다. 두 사람이 잠깐 툭탁거리는 사이, 해경이 갑자기 무언가 떠올랐다는 듯 말을 꺼냈다.

"아, 혹시……. 최근에 이곳에 무슨 변화가 있었을까 생각했더니 떠오른 게 있어요! 얼마 전에 이 근처에서 메테인 하이드레이트 채취 공사가 시작됐어요. 그 뒤로 거악이 나타났는데……. 혹시 그게 거악이 나타난 일과 관계가 있을까요?"

메테인 하이드레이트? 아영과 다희가 둘 다 잘 모르겠다는 표정으로 해경을 쳐다봤다.

"메테인 하이드레이트는 가스를 얻을 수 있는 천연자원이에요. 바다 밑에서 채취를 하죠. 아무래도 바다 생물들이 좀 영향을 받았을 거예요."

다희는 뉴스에서 보았던 거대한 석유시추선을 떠올렸다.

'석유시추선은 바다 밑바닥에 구멍을 뚫어 석유를 찾는데, 메테인 하이드레이트도 그런 식으로 채취하는 걸까? 모르긴 몰라도 소음이 상당할 것 같네. 혹시 거악은 소음 공해 때문에 사람들이 노는 해수욕장 근처까지 도망 왔을까?'

다희가 메테인 하이드레이트의 채취 과정에 대해 물어보려던 순간, 해경의 가슴에 달려 있던 검은 무전기에서 이상한 소리가 났다.

치이이익! 치이이익!
여기는 잠수정, 지금 우리는 쫓기고 있다! 공격당하고 있다!

"뭐, 뭐라고? 자세한 설명 바란다. 뭐에 쫓기고 있나? 거악인가?"

해경이 깜짝 놀라 무전기를 쥐고 다급히 물어봤다. 다희도 아영도 무전기 너머의 긴박한 목소리에 한껏 긴장할 수밖에 없었다. 곧바로 잠수정에서 다시 무전이 왔다.

지금껏 본 적 없는 해양 생물이다! 우리가 수색하고 있던 거악인 것 같다! 아앗, 잠깐! 잠깐만!

쿵! 콰앙!

무전기 너머로 무언가가 강하게 부딪치고 부서지는 소리가 났다. 그 소리에 모두 깜짝 놀라 입을 쩍 벌렸다.

"무슨 일인가? 괜찮은 건가?"

으윽……. 조금 전 공격 때문에 부력 제어 장치에 이상이 생겼다! 곧 희망호 근처로 떠오른다! 지원 사격으로 거악을 위협해 주길 바란다!

'희망호라고? 이 배 이름이 희망호였던 것 같은데…….'

다희의 짐작이 맞았다. 해경들이 화들짝 놀라 바쁘게 움직이기 시작했다.

"총기를 가지고 나오십시오!"

한 해경이 소리치자 해경들이 우르르 선장실로 뛰어 들어갔다.

눈 깜짝할 사이에 거악의 습격에 휘말리자 다희는 어쩔 줄 몰라 우왕좌왕했다. 그런데 아영은 금세 품에서 총을 꺼내 들고 주변을 경계하는 게 아닌가.

"다희 님! 안으로 들어가 있어요! 여기는 우리한테 맡기고요!"

"잠깐, 언니 혼자……."

"제가 어떤 사람인지 잊었어요? 올림픽 신궁, 백발백중 전설의 주인공이라고요!"

다희는 일단 아영의 말대로 도망치려고 했다. 그런데 그 순간, 갑자기 바닷속에서 거대한 물보라와 함께 무언가가 튀어나왔다.

와욱, 와욱, 와욱!

거친 숨소리를 내며 튀어나온 거대한 생명체. 그 거대한 몸집 때문에 생긴 그림자가 순간 밤이 되었나 싶을 정도로 배 위를 깜깜하게 뒤덮었다. 그건 악어라기엔 고래만큼이나 컸고, 고래라기엔 겉모양이 거칠었다. 쩍 벌어진 아가리로 뾰족뾰족한 이빨이 보였는데, 어찌나 큰지 하나하나가 다 코끼리의 상아 같았다.

아영이 사격 자세를 잡으며 고래고래 소리를 질렀다.

"다희 님! 어서 들어가라니까!"

다희는 놀라서 굳은 몸을 겨우 움직여 선장실 쪽으로 발을 옮겼다. 그러다 귀를 찢을 듯한 소리에 걸음을 뚝 멈출 수밖에 없었다.

탕, 탕, 탕!

아영의 총소리였다. 아영은 눈 하나 깜짝하지 않고 거악에게 총을 연달아 세 발 맞혔다. 그러나 이 괴물은 총알을 맞고도 충격을 받은 기색조차 보이지 않았다.

아영은 기죽지 않고 다시 거악을 조준했다. 선장실에서 총을 들고 나온 해경도 바로 합류했다. 하지만 거악은 이미 물속으로 몸을 숨긴 뒤였다. 더 이상 총으로 공격할 수는 없었다. 거악은 이제 희

망호를 빙빙 돌며 공격할 때를 기다린다는 듯 위협을 주었다.

그제서야 선장실로 대피한 다희는 머리를 감싸 쥔 채 고민했다.

'안 돼……. 이대론 안 돼. 거악의 습격에 배가 뒤집어질 게 틀림없어. 그렇게 되기 전에 어떻게든 이 상황을 해결할 방법을 찾아야만 해.'

다희는 지금까지 알게 된 정보를 종합해 보기 시작했다.

'거악은 근처 바다에서 메테인 하이드레이트를 채취하기 시작하고 나서부터 나타났어. 그 현장에서 도망친 것일까? 그럼 왜 채취 현장을 뒤엎는 대신 도망치는 걸 선택했을까? 저 정도 덩치에 저 정도 힘이라면 다 무너뜨리고도 남을 텐데…….'

그때 다희의 머릿속에 무언가 번뜩 떠올랐다. 바로 이곳에 오기 전에 아영이 했던 말, 거악이 쇠붙이를 무서워해서 옛날 사람들은 방울 소리로 쫓기도 했다는 이야기였다.

'하지만…… 정말 쇠붙이가 무서웠다면, 쇠뭉치인 잠수정을 보자마자 도망쳤겠지. 그러나 거악은 잠수정을 보고 도망치지 않았고, 총에 맞아도 끄떡없었어. 그렇다면 쇠붙이가 무서웠던 게 아니라 쇳소리가 무서웠던 게 아닐까?'

그렇게 생각하니 모든 게 말이 되었다. 쇳소리가 무서우니, 메테

!
딸랑, 딸랑, 딸랑, 짜르르르
아영 언니!

인 하이드레이트 채취 현장에서 싸울 생각도 못하고 도망친 것이었다. 쇳소리가 쉴 새 없이 났을 테니까.

다희는 선장실 주변을 둘러보다 확성기를 발견했다. 곧장 그 확성기를 가지고 갑판으로 뛰어나갔다.

"아영 언니! 쇳소리! 쇳소리를 내야 해요!"

다희는 아영에게 큰 소리로 외친 뒤, 얼른 휴대폰으로 방울 소리 동영상을 찾았다. 그리고 그 동영상을 확성기에 대고 틀어 버렸다.

딸랑, 딸랑, 딸랑, 짜르르르! 딸랑, 딸랑, 짜르르!

귀를 찢을 듯한 방울 소리가 온 바다에 울려 퍼지자, 거악은 움찔하더니 배에서 멀어졌다. 그 모습을 본 아영과 해경도 곧바로 쇳소리를 낼 만한 무언가가 없나 주변을 살펴봤다. 그런 두 사람의 눈에 띈 것이 막 해수면에 떠오른 시커먼 잠수정이었다.

"저거라면……."

아영과 해경은 서로 눈짓을 주고받은 뒤 곧바로 잠수정 끄트머리에 총을 쏘았다.

땡, 탱, 댕!

마치 커다란 종을 치는 것 같은 소리가 연달아 이어졌고, 거악은 몸부림을 치더니 바닷속으로 풍덩 잠수해 버렸다. 파란 바닷물 아래로 아른거리던 거악은 곧 깊은 바닷속으로 사라졌다. 도망간 것이었다.

아영은 안도의 한숨을 쉬며 총을 쥔 손을 아래로 내렸다.

"아, 거악이 쇳소리를 싫어한다는 옛사람들 말이 맞았네요. 해수욕장 근처에 이런 쇳소리를 계속 울려 퍼지게 해서 거악을 쫓아낼 수 있겠어요."

아영의 말에 해경이 미소를 지으며 답했다.

"예, 그러면 시민의 안전을 지킬 수 있겠군요. 모두 괴물 팀 덕분입니다."

경비선 한구석에서 한숨 돌리고 있는 다희에게 아영이 웃는 얼굴로 다가왔다.

"다희 님 덕분에 사건을 해결했네요! 그나저나 어떻게 쇳소리를 생각해 냈어요? 대단해요!"

"아 뭐, 기억력이 좀 좋은 것뿐이에요."

다희의 무뚝뚝한 대답에 아영은 입을 삐죽 내밀었다가 갑자기 신이 난 얼굴이 되었다.

"이제 우리 바닷가로 놀러 가 볼까요?"

"아니, 싫어요."

다희는 얼굴을 찌푸리며 대답했다. 거악인지 뭔지, 정체불명의 괴물을 마주한 뒤로 아영은 바다가 싫어지고 말았다. 앞으로 십 년은 바다에 오지 않을 것 같았다.

'우리가 본 게 정말 조선 시대부터 살아온 괴물 거악이었을까?'

다희는 잠깐 고민하다가 고개를 저었다. 바다와 육지의 비율은 7대 3. 인간은 육지를 아는 만큼 바다를 알지 못했다. 그러니 역사 속 거악이라기보다는 아직 발견되지 않은 해양 생물이라고 보는 게 합리적이었다. 어쩌면 돌연변이 신종 생물일 수도 있고.

다희는 왜 안 노냐며 칭얼거리는 아영을 두고 머나먼 수평선을 바라봤다. 이 바다에 거악 같은 거대한 생명체가 숨어 있을지도 모른다고 생각하니 전처럼 아름답게만 느껴지지는 않았다.

사람을 공격하는 **괴상한 바다 생물**이 있다?

조선 사람들이 '거악'이라 불렀던 생물은?

조선 시대의 이야기책 《어우야담》에는 나라에 바칠 해산물을 구하던 사람이 바닷속에서 커다란 입을 지닌 무서운 바다 괴물, '거악'에게 공격당해 희생됐다는 이야기가 나옵니다. 거악이라는 말에서 '악(鰐)'이라는 글자는 흔히 악어를 나타내지만, 조선에 악어가 없었다는 사실을 생각해 보면 그냥 사나운 생물을 뜻했을 가능성이 높아요. 커다란 상어는 한반도 주변 바다에 나타날 때가 있으므로, 상어에 대해서 잘 알지 못했던 옛사람들이 이를 '거악'이라고 불렀을 수 있지요. 2017년 9월 경상북도 영덕 앞바다에서는 몸길이 3미터가 넘는 거대한 고래상어가 그물에 걸려 올라온 적이 있습니다. 고래상어는 보통 온순하지만 가끔 사람을 공격하기도 해요. 그런 상어 중에 각별히 크기가 큰 게 있었다면 조선 시대 사람들의 눈에는 괴물처럼 보였을 것입니다.

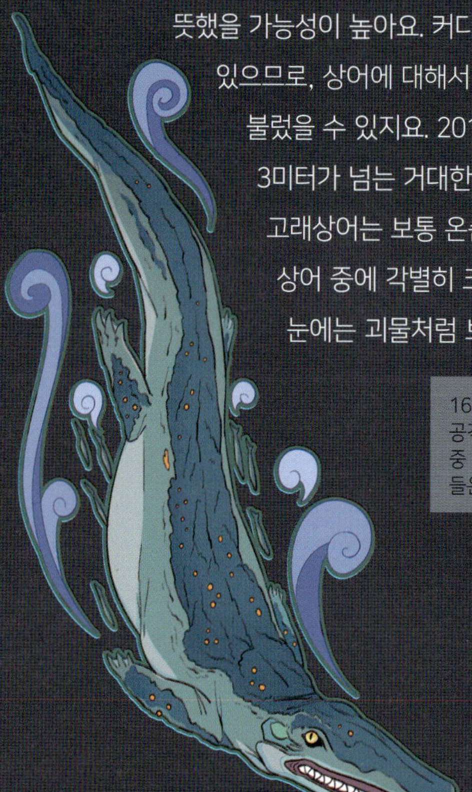

1621년에 나온 이야기책 《어우야담》에는 물속에서 거악에게 공격당해 희생된 사람의 이야기가 세 편 연달아 나옵니다. 그 중 첫 번째 이야기는 저자인 유몽인이 노비가 고향 순천에서 들은 이야기를 전해 듣고 기록해 둔 것이라고 해요.

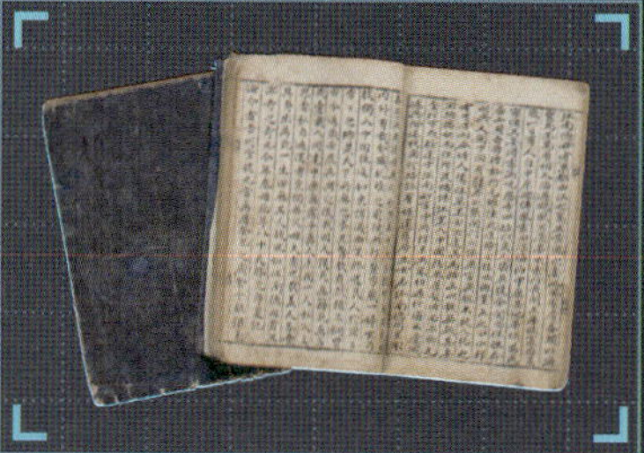

한반도에 악어가 살았을 가능성

《어우야담》의 이야기와 직접 관련은 없지만, 조선 시대 이전으로 거슬러 올라가 보면 한반도에 실제로 악어가 있었을 가능성을 찾을 수 있습니다. 충청북도 청주의 두루봉 동굴에서는 20만 년 전 구석기 시대의 것으로 추측되는 코끼리, 코뿔소 부류 짐승의 흔적이 발견되었습니다.

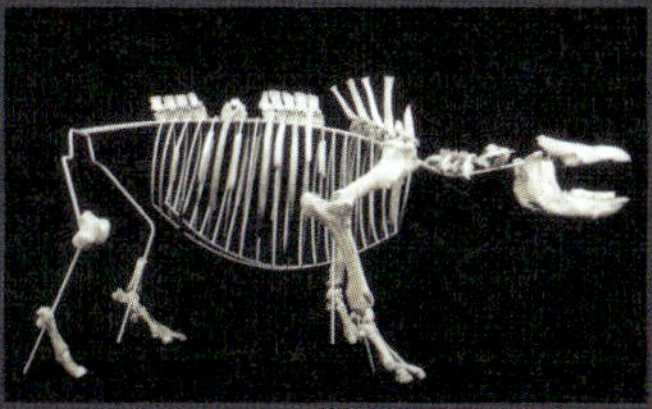

두루봉 동굴 유적에서 발굴된 쌍코뿔이

양쯔강악어

이런 동물이 지금 한반도에는 없지만, 먼 과거에는 있었기 때문에 흔적을 남긴 것입니다. 학자들은 열대 기후에 살았던 동물들의 화석이 발견된 만큼, 당시 한반도가 열대 기후였다는 것을 보여 준다고 발표했어요. 그러니 열대 기후 동물인 악어가 한반도에 살았을 수도 있겠지요.

한반도에서 멀지 않은 중국에는 양쯔강악어가 살고 있습니다. 지금과 기후가 달랐던 먼 옛날, 양쯔강악어와 비슷한 악어가 한반도에서도 살았다는 것이 황당한 상상만은 아니라고 생각합니다.

훨씬 먼 옛날로 거슬러 올라가 보면 악어류 생물이 한반도에서 살았다는 증거도 있습니다. 2020년 3월 진주교육대학교 한국지질유산연구소 연구팀은 경상남도 사천에서 발견된 옛날 동물 발자국이 악어류의 흔적이라는 연구 결과를 발표했어요. 대략 1억 1000만 년 전 발자국이 돌로 굳어진 모양이라고 하는데, 그 발자국을 남긴 동물은 지금의 악어와 비슷하다고 분류할 수 있는 생물이며, 그 크기는 최대 3미터에 이른다고 합니다. 게다가 이 악어류는 독특하게도 지금의 악어와는 다르게 네 발로 걷지 않고 앞발을 들고 두 발로 걷는 습성이 있었다고 해요. 만약 이 악어가 살아 움직이는 모습을 본다면 사람들은 아주 이상한 괴물이라고 생각할 것입니다.

2019년에 진주교대 한국지질유산연구소가 경상남도 사천에서 세계 최초로 발견한 원시 악어의 발자국 화석입니다.

악어가 한반도에 다시 나타날 일은 없겠지요. 그런데 조선 사람들을 놀라게 했다고 추측하는 상어는 어떨까요? 학자들은 기후 변화로 한반도의 바다가 따뜻해지면 예전에 잘 보이지 않던 커다란 상어가 좀 더 자주 나타나리라고 예측합니다. 기후 변화가 바다 괴물을 다시 한반도에 끌어들이고 있는 셈입니다.

악어는 상어와 뭐가 달라요?

악어는 뱀이나 도마뱀과 같은 파충류이고, 상어는 어류입니다. 둘은 생김새만으로도 구분할 수가 있어요. 악어는 주둥이가 길고 두꺼운 비늘로 온몸이 덮여 있지요. 상어는 매끈한 유선형의 몸을 지녔어요. 또한 상어의 이빨은 무척 뾰족하고, 악어의 이빨은 그보다 좀 뭉툭합니다. 이빨 모양을 보고 상어가 공격성이 더 클 것 같다고들 생각하지만 사실 공격성이 있는 상어는 아주 드물어요. 그것도 사람을 다른 동물로 착각했을 때나 공격한다고 합니다. 그런데 악어는 공격성이 훨씬 큽니다. 특히 파충류 중 가장 크다는 바다악어는 자기 영역을 침범당하면 사람 동물 가릴 것 없이 난폭하게 공격해요. 바다에서 악어와 상어를 만난다면 악어가 훨씬 위험하다는 뜻입니다.

바다악어

상어

지금 한반도에는 왜 악어가 살지 않아요?

악어는 대부분 적도 부근의 열대 지방에 삽니다. 추위에 무척 민감해서 따뜻한 곳에서만 살아요. 아주아주 옛날엔 우리나라가 열대 기후였을지 모르지만, 지금은 온대 기후에 속해서 사계절이 있고, 겨울엔 무척 춥지요. 악어가 견딜 수 없는 날씨가 돼 버린 거예요.

사건 파일 3 효가

다시 살아난 죽은 사람? 설마 좀비?

늦은 밤 서울의 한 금은방에서 한 무리의 사람들이 나옵니다. 주인과 손님들을 폭행하고, 3000여 만 원어치의 금품을 훔친 강도단입니다. 그런데 범인들이 이상합니다. 모두 영화 속 좀비의 모습입니다…….

이른 아침, 다희는 시리얼을 먹으며 휴대폰으로 뉴스를 보고 있었다. 좀비 강도단이라니, 세상사 참 요지경이었다. 물론 분장이겠지만, 화면 속 범인들의 모습은 나름대로 좀비 같아 보였다.

갈비뼈가 드러날 정도로 찢어진 살갗, 뒤틀린 움직임, 썩은 듯 시커먼 몸통. 다희가 강도 짓도 참 열심히 한다 하며 콧방귀를 뀌고 있을 때, 막 부엌으로 나온 아영이 놀란 투로 말했다.

"아앗! 그거 우리 팀으로 들어온 사건인데 뉴스에 나왔군요!"

시리얼을 씹던 다희의 입이 움직임을 멈췄다. 너무 어이가 없어서였다.

"네? 설마 괴물 팀은 이걸 진짜 좀비 사건이라고 생각해요? 거악이나 적색일괴는 옛날 책에 나와 있으니 그렇다 쳐도, 설마 좀비까지 믿는 거예요?"

아영이 차분히 상황을 설명하기 시작했다.

"그게, 다른 사건하고 엮여서 들어오게 됐어요. 우리는 이 좀비

사건 파일 3

좀비 강도 사건

Sign in

Password

신뢰도

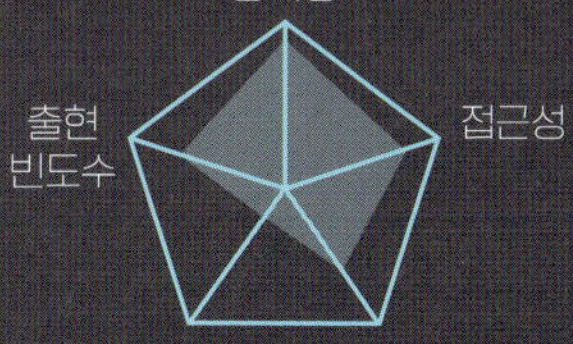

사건 개요

서울의 한 금은방에서 좀비처럼 보이는 강도 떼가 주인과 손님을 폭행하고 금품을 훔침.

피해자

- 금보석 씨(45세, 금은방 주인) 전치 10주의 중상을 입음. 3000여 만 원어치 금품을 빼앗김.
- 금은방 손님 신난다 씨 외 2명. 각각 전치 4주, 5주, 4주 부상.

제보 내용

- 좀비처럼 생긴 사람들이 들어와서 주인을 때리고 돈과 금품을 훔쳐 갔어요!
- 저 말고 손님이 둘 더 있었는데요. 폭행하는 걸 말리려고 다가서자 저희도 마구 때렸습니다.
- 정말 이상하게 생긴 강도들이었습니다. 막 무덤에서 나온 시체 같았어요! 똑바로 움직이지 않고 괴상하게 삐그덕삐그덕 움직였다고요!

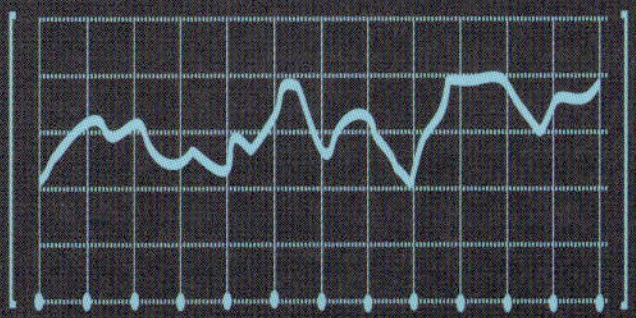

강도 사건이 '효가' 사건과 연관이 있지 않나 생각하고 있어요."

"효가요? 그게 뭔데요?"

"효가는 《고려사》에 기록이 있는 사람인데요. 자신이 죽었다가 되살아날 수 있다고 주장했대요. 불에 몸을 태우면 다시 새로운 몸으로 태어날 수 있다나요. 조선 시대 책인 《필원잡기》에도 비슷한 기록이 있어요. 한 승려가 문종 임금에게 돌아가신 세종 대왕을 살릴 수 있다고 했다네요. 즉, 한국에도 좀비에 대한 기록이 있는 거죠. 물론 둘 다 성공하진 못했지만요."

다희는 나중에 어른이 되면 자신도 누군가를 살리고 싶어 할까 생각하다가, 곧 아직 덜 들은 이야기가 있단 걸 깨달았다.

"잠깐만요. 그러면 좀비 강도 사건이랑 엮여서 같이 들어온 사건은 뭔데요?"

"아, 그건 박물관 도난 사건이에요. 누가 오스트랄로피테쿠스의 뼈 표본을 자꾸 훔쳐 간다네요."

"네? 뼈 표본 도난 사건과 좀비 강도 사건이 무슨 상관이에요?"

다희는 황당한 표정을 지을 수밖에 없었다.

아영에게 들은 사건 정황은 이러했다.

지난달부터 박물관에서 오스트랄로피테쿠스의 뼈 표본 도난 사건이 세 건 있었다. 그러나 좀처럼 범인을 찾을 수가 없었다. 범인은 해킹을 해서 침입하기 10분 전에 박물관 전체 시시 티브이를 멈추고 보안 시스템을 다운시켜 버렸기 때문이다. 게다가 몹시 치밀해서 지나간 자리에 머리카락 한 올, 지문 하나 남기지 않았다.

경찰이 이러지도 저러지도 못하고 있을 때, 마지막 세 번째 사건에서 단서를 하나 잡게 되었다. 그건 바로 박물관 가는 길 풀숲에 불법 주차된 1인용 소형 전기차였다. 나무 사이에 가려진 그 차의 블랙박스에 범인의 차량

이 찍힌 것이다. 경찰은 그 차량을 추적하다가 서울 곳곳에서 범인의 흔적을 찾고는 어리둥절했다.

범인은 인적 드문 공사 현장 등에서 나무 제단을 쌓아 두고 거기서 훔쳐 간 뼈 표본을 태웠다. 무슨 이상한 주술을 부린 것이었다.

경찰은 이게 무슨 일인지 몰라 우선 범인이 간 곳 주변의 사건 사고를 조사해 보았다. 그런데 우연의 일치인지 필연인지 범인이 제단을 세운 곳마다 좀비 강도 사건이 일어났다. 그리고 시시 티브이 속 좀비의 모습은 하나같이 불에 그슬린 듯 시커멓게 타 있었고……. 결국 경찰은 뼈 도난 사건과 좀비 강도 사건이 관계가 있다고 보고 이 괴이한 사건을 괴물 팀으로 넘기게 된 것이었다.

설명을 들으니 다희는 왜 두 사건이 관련 있는지 알 수 있었다.

"그럼 그 뒤로 괴물 팀에서 새로 알아낸 사실이 있어요?"

"정보 지원 팀이 조사한 결과, 범인이 한 주술은 옛날 옛적 효가가 한 것과 비슷했대요. 나무를 쌓아 놓고 주술을 부린 게 말이죠. 즉, 효가의 주술을 현대에 되살려 범인이 좀비 강도단을 만들었을지도 모른다는 게 괴물 팀의 추측이에요."

주술이니 좀비니, 다희가 듣기엔 허무맹랑한 이야기였다. 그래도 둘 다 처리해야 할 사건이기는 했다. 또 언제 어디서 이 좀비 떼들이 사람을 해칠지 몰랐으니까. 다희는 아영을 따라 이 괴상한 사건을 해결하기로 했다.

며칠 뒤, 다희와 아영은 어느 좁은 골목에서 잠복을 하고 있었다. 범인이 시시 티브이가 없는 이 후미진 골목에 차를 주차해 두어서였다.

다희가 지루해 죽겠다는 표정으로 아영에게 물었다.

“언니, 범인이 정말 저 차를 가지러 올까요?”

“글쎄요. 그래도 우리가 범인의 범행 주기를 분석해서 오늘 네 번째 사건을 벌이리라 예측했잖아요. 우리 예측을 믿어 보죠.”

아영의 말이 끝나기 무섭게 저만치서 한 남자가 나타나 범인의 차에 오르려 했다. 화들짝 놀란 아영이 서둘러 그 남자에게 다가갔다.

“멈춰! 당신을 박물관 무단 침입 및 도난 혐의로 체포한다!”

“으아악!”

남자는 혼비백산해서 그대로 도망치려고 했다. 그러나 아영은 금세 쫓아가 남자를 잡고 바닥에 짓눌렀다.

“순순히 조사에 협조해!”

“전 그냥 심부름꾼일 뿐이라고요! 범인은 따로 있어요!”

남자가 울먹이며 외쳤다. 그러더니 변명을 줄줄 늘어놓기 시작했다.

“저는 그저 돈 받고 시키는 대로 했을 뿐이에요. 박물관 경비 시스템 해킹도, 시시 티브이를 먹통으로 만든 것도 다 진범이 한 짓이에요. 전 그냥 박물관에 들어가서 뼈 몇 점 가지고 나온 것밖에 없다고요.”

“진범이 있다고? 당신 말을 어떻게 믿어?”

“진짜예요. 지금 바로 진범에게 데려다줄게요. 제발 봐주세요.”

“당신을 봐주는 건 검사님이랑 판사님이 판단할 일이고요. 수사에 협조하면 그래도 형량은 좀 줄 거예요.”

아영은 단호하게 말하며 범인에게 수갑을 채웠다. 그리고 범인을 다그쳐서 공범의 집을 알아냈다. 공범이 도망치기 전에 당장 잡으려는 작전이었다.

공범의 집은 서울 한복판에 있는 커다란 한옥식 저택이었다. 밖에서 봐도 그냥 평범한 집은 아니었다. 담벼락 가득 화려한 조각이 새겨 있었기 때문이다.

다희가 눈이 똥그래져서 아영에게 말했다.

“언니, 이 조각들 좀 봐요. 집현전에 해시계, 물시계, 화차까지……. 죄다 세종 대왕 때 것들이네요. 이 집주인은 엄청난 세종 대왕 마니아인가 봐요.”

“공범이 세종 대왕 마니아일까요? 흠, 무척 궁금한데요?”

그러고 아영은 범인의 얼굴이 잘 보이게 인터폰 앞에 세운 뒤 벨을 눌렀다. 딩동, 딩동 소리가 몇 번 울려 퍼지더니, 곧 스피커를 타고 대답이 흘러나왔다.

누구시죠?

“특별수사청 ‘괴이한 정보 및 생물 처리 팀’ 이아영 수사관입니다. 박물관 도난 사건 및 좀비 강도 사건 조사차 왔습니다.”

아영이 공무원증을 내밀며 말했다. 그런데 안에 있는 사람은 놀란 기색도 없이 잠깐 숨을 들이마시더니, 다짜고짜 문제를 냈다.

문제. 다음 중 세종의 제위 기간 때 있던 일이 아닌 것은?

1번 농민을 위해 농사직설을 반포했다.

2번 구리 활자인 경자자, 갑인자를 주조했다.

3번 오늘날 삼심제와 비슷한 금부삼복법을 시행했다.

4번 육조 직계제를 실시했다.

"네? 지금 뭐 하시는 거예요? 문 열어 달라니까요?"

아영이 어이없어하며 문을 잡고 세게 흔들었다. 그러나 저택 안에 있는 공범은 꿈쩍도 하지 않았다.

이곳은 세종 대왕의 성소. 자격이 없는 자들은 들어오지 못합니다.

"그게 무슨……."

못 맞히면 절대 못 열어 줍니다. 영장 가져오세요.

공범의 고집에 아영이 발끈하더니 얼른 휴대폰을 꺼내 들었다. 그런데 아영이 화면을 켜기가 무섭게 스피커에서 짜증스런 목소리가 흘러나왔다.

시시 티브이로 다 보고 있어요. 검색하면 부정행위예요.

"으으……."

"언니, 어쩔 수 없잖아요. 문제를 풀어 봐요."

화나서 어쩔 줄 모르는 아영을 달래며 다희는 문제를 곰곰 생각해 보았다.

'세종 대왕의 제위 기간 때 있었던 일? 분명 수업 시간에 배운 내용인데……. 1번, 농사직설 반포라, 이건 맞는 답이야. 세종 대왕 때 농사 지식을 모아서 묶은 책이라고 배웠으니까. 2번, 경자자, 갑인자 주조? 이건 정확히 기억나진 않지만 맞는 것 같아. 세종 땐 금속 활자의 개량으로 많은 책들을 출간했다고 했어. 3번, 금부삼복법 시행? 이건 잘 모르겠지만 삼심제와 비슷하다면 세 번 재판해서 억울한 사람이 없게 했다는 말 아닐까? 세종 대왕은 인권 향상에도 많은 노력을 기울였다니까 맞을 것 같아. 그렇다면 남은 건 4번뿐! 육조 직계제라니 무슨 말인지 감도 안 잡혀.'

다희는 조심스레 자신의 생각을 아영에게 말했다.

"언니, 제 생각엔 4번 같은데……."

"음……. 저도 다희 님의 생각과 같아요."

아영이 슬쩍 시선을 피하면서 말했다. 다희는 아영이 정말 생각해 보긴 한 걸까 의심이 들었지만 추궁하지는 않기로 했다.

다희가 인터폰에 대고 조심스레 답을 말했다.

"정답은 4번이에요."

정답입니다. 당신들은 세종 대왕님의 성소에 들어올 자격이 충분합니다. 조심히 들어오세요.

덜컥 소리가 나며 대문이 열렸다. 아영이 붙잡힌 범인을 데리고 열린 문으로 들어갔고, 다희는 그 사이에 육조 직계제에 대해 검색해 보았다.

'음, 조선 시대에 왕이 의정부를 빼고 육조에 직접 명령을 내리던 제도였구나. 왕권을 강화시키는 제도였네. 세종 대왕 때가 아닌 태종과 세조 때 실시되었고.'

다희는 호기심을 해결하고는 얼른 아영의 뒤를 좇아갔다.

공범의 집은 마치 박물관같이 꾸며져 있었다. 정원에는 세종 대왕의 흉상이 있었고 해시계와 물시계 모형도 있었다. 집 안은 더했다. 벽마다 세종 대왕의 업적을 써놓은 커다란 설명 판과 사진들이 잔뜩 붙어 있었다.

정말 놀랄 일은 따로 있었다. 공범이 자기가 세종 대왕이라도 되는 것처럼 붉은색 곤룡포를 입고 뒷짐을 지면서 어슬렁어슬렁 나오지 않겠는가.

"세종 대왕님의 성소에 예를 갖추지 않고 무엇들 합니까?"

공범의 윽박에 다희와 아영은 기가 차서 할 말을 잃었다. 그때 아영에게 잡혀 있던 범인이 소리쳤다.

세종 대왕님 성소에
예를 갖추세요!

"저놈입니다! 저놈이 저한테 뼈를 훔쳐 오라고 시켰어요! 전 시키는 대로 한 것뿐이에요!"

그 소리를 들은 아영이 정신을 차리고 세종 대왕 마니아인 공범을 추궁했다.

"이 사람 말이 맞습니까?"

"뭐, 네. 훔쳤다는 말은 좀 거슬리지만요. 대의를 위해 그 뼈가 필요했던 것뿐입니다."

공범은 무척 뻔뻔했다. 차오르는 화를 누르려는지 낮은 목소리로 아영이 되물었다.

"대의라뇨?"

"세종 대왕님의 부활이요."

"하아……. 세종 대왕님의 부활이라고요……."

이제 아영은 어이가 없어서 말을 채 잇지 못했다.

다희도 어이가 없긴 마찬가지였다. 머리가 지끈거리기까지 했다. 왜 다 큰 어른들이 이런 말도 안 되는 부활을 믿는 걸까? 아직 어린 자신조차 믿지 않는데…….

공범은 다희가 자신을 한심하게 여기는 걸 눈치채고 발끈하며 설명했다.

“진짜 효가의 주술이 담긴 책을 찾았다고요! 이 주술을 외우면서 뼈를 불태우면 그 사람을 다시 살릴 수 있어요. 오래된 뼈일수록 효과가 좋다고 해서 오스트랄로피테쿠스의 뼈를 가져와 실험해 본 거고요. 하지만…… 박물관의 뼈들이 전부 가짜인 것 같더군요. 세 번이나 주술을 걸었지만, 단 한 번도 성공하지 못했어요.”

“뼈가 가짜라서가 아니라, 그런 주술 따위는 다 사기니까 그렇죠. 그렇게 희귀한 오스트랄로피테쿠스 뼈가 진짜일 거라 생각한 것도 참…….”

결국 헛소리를 참다못한 다희가 톡 쏘아붙였다.

“뭐라고? 요 쪼그만 게!”

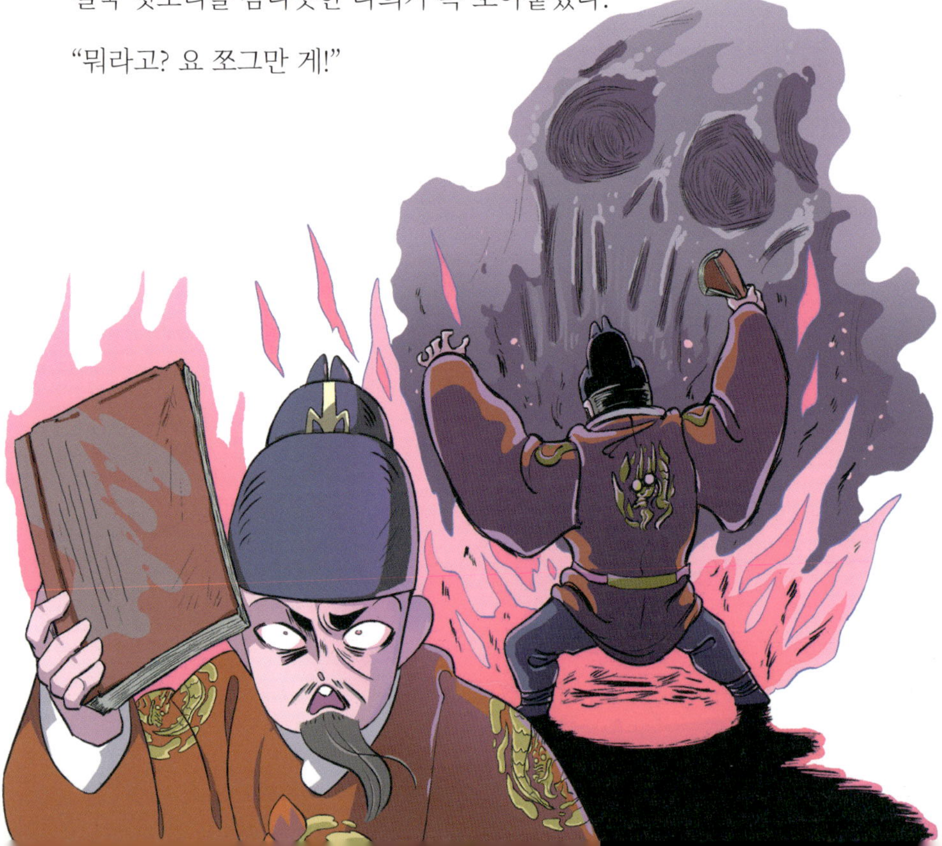

세종 대왕 마니아가 씩씩거리며 다희에게 꿀밤을 먹이려던 순간, 아영이 둘 사이에 끼어들며 말렸다.

"어어, 어린이를 위협하지 마세요. 그나저나, 그 좀비 강도 사건은 뭡니까? 이 뼈 표본 도난 사건과 연관이 있는 것 같던데."

"좀비 강도 사건이요?"

"네, 당신이 부활 의식을 치른 장소마다 좀비 떼들이 나타나서 강도 짓을 저질렀어요. 그래서 우리는 당신이 이상한 의식으로 좀비를 만든 건가 의심했거든요."

"아뇨, 전 그런 일은 모르는데……."

세종 대왕 마니아는 고개를 갸우뚱하더니, 먼저 잡힌 범인을 쳐다보았다.

"심부름꾼 아저씨, 당신이 벌인 일입니까?"

"……."

먼저 잡힌 범인, 심부름꾼은 아무런 말도 못하고 고개를 푹 숙였다. 결국 자포자기한 심부름꾼이 모든 진실을 토해 냈다.

"죄송합니다……. 당신이 이상한 주술을 하는 걸 보고 나중에 들통나면 당신에게 뒤집어씌우려고 동료들과 좀비 행세를 했어요. 당신은 돈이 많으니까 죄를 뒤집어써도 비싼 변호사를 써서 괜찮을 것 같았어요."

"아니, 괜찮을 리가 없잖아요. 저지르지도 않은 죄를 뒤집어쓰는 건데."

세종 대왕 마니아가 어이없어하면서 혀를 끌끌 찼다. 하지만 아영의 눈에는 둘 다 법의 심판을 받아야 할 범죄자일 뿐이었다. 아영은 세종 대왕 마니아에게도 수갑을 채웠다.

"자, 자. 싸움은 나중에 하세요. 일단 둘 다 수사청으로 갑시다."

두 범인 다 아영에게 끌려가면서도 변명이 많았다. 세종 대왕님의 부활을 위해서 어쩔 수 없었다느니, 카드값 때문에 그랬으니 봐 달라느니……. 핑계 없는 무덤이 없다더니 딱 그 꼴이었다.

다음 날, 괴물 팀 사무실에 갔다가 퇴근한 아영이 흥미로운 소식을 하나 가져왔다. 오스트랄로피테쿠스 뼈가 진짜이고 세종 대왕 마니아의 주술이 성공했어도, 결코 사람을 되살릴 수는 없다고 한다. 오스트랄로피테쿠스는 고릴라, 오랑우탄처럼 사람과의 동물일 뿐, 지금 우리와 같은 사람은 아니기 때문이란다.

다희는 세종 대왕 마니아의 주술이 성공한 장면을 상상해 보았다. 기껏 부활시켰더니 사람이 아닌 오스트랄로피테쿠스가 나타난 모습을 말이다. 피식 웃음이 나왔다.

“언니, 세종 대왕 마니아가 세종 대왕만 파지 말고 과학 공부도 좀 했다면 어땠을까요?”

“그럼 오스트랄로피테쿠스의 뼈 표본을 훔치진 않았겠죠?”

아영과 다희는 동시에 씁쓸한 웃음을 지었다.

세종 대왕 마니아의
주술이 성공했다면
이런 게 나타났으려나?

죽은 사람이 **부활**할 수 있다?

새 생명을 얻으려는 기막힌 시도

《고려사》 1313년 기록을 보면 효가라는 사기꾼을 붙잡아 감옥에 가두었다는 내용이 나옵니다. 효가는 스스로 위대한 깨달음을 얻었다고 주장했으며, 그래서 신비로운 마법 같은 일을 할 수 있다고 이야기했어요. 이 중 자세한 기록이 남아 있는 것은, 자신이 죽고 나서도 7일 뒤에 다시 살아날 수 있다고 주장했던 일입니다. 효가는 불구덩이를 만들어 거기서 자기 몸을 태워 없애라고 하고는, 그 7일 뒤에 다시 새로운 몸으로 살아나 나타났다고 하죠.

그런데 수사 결과, 이는 속임수였습니다. 효가는 아무 곳에나 불구덩이를 만들어 놓은 것이 아니라 지하로 연결된 굴 입구에다가 땔감을 쌓아서 불을 피웠어요. 그리고 불구덩이에 들어가는 척하면서 그 뒤에 있는 굴로 들어가서 피신한 거죠. 효가는 굴속에 미리 식량 따위를 저장해 놓았다고 하는데, 아마 그곳에 멋있는 새 옷도 한 벌 숨겨 두지 않았을까 싶습니다. 그 굴속에서 그냥 먹고 자며 쉬다가 약속한 7일 후가 되었을 때 말끔한 모습으로 슬며시 걸어 나와서, 자신이 되살아났다고 했던 것입니다.

효가의 사례 말고도 고려 말 조선 초에는 죽은 뒤에도 다시 생명을 얻을 수 있다는 이야기가 꽤 유행했습니다. 이 시대에 갑작스럽게 주변 사람이 생명을 잃는 안타까운 사건 사고가 많았고, 그 사람들의 절망과 공포를 이용해서 죽은 사람을 되살린다고 주장하는 사기꾼들도 많이 나타나지 않았나 추측해 봅니다.

《고려사》 1313년 2월 14일
효가는 (…) 일찍이 몸이 들어갈 만한 굴(窟) 하나를 찾아내고서는 그 위에 땔감을 쌓아두고 올라가서 그 무리들에게 이르기를, "내가 다비(茶毗)를 하고자 하는데, 7일 후에 마땅히 법신(法身)으로 화할 것이다."라고 하였다. 드디어 땔감에 불을 붙이자 연기와 불꽃이 사방에서 일어났는데, 효가는 땔감 속에서 굴 안으로 들어가서 감과 밤을 먹고 지내다가 기일이 되자 재를 파헤치고 나왔다. 헌사(憲司)에서 그 속임수를 발각하여 심문(案問)하였더니 효가가 실토하였다.

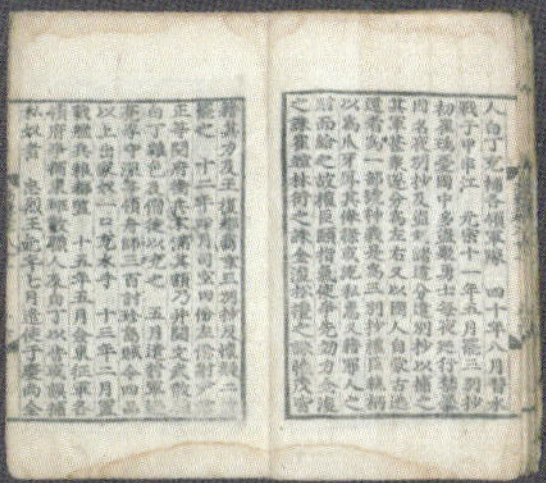

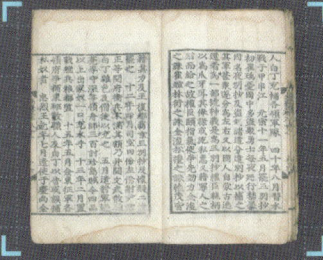

죽은 사람을 되살리려 했던 과학자들

효가와 달리 실제로 죽은 사람을 되살리려고 했던 과학자들도 있었습니다. 그 대표적인 과학자가 이탈리아의 물리학자 지오바니 알디니입니다. 1803년 알디니는 처형당한 사형수의 시체에 전기 충격을 줘서 다시 살려 내려는 실험을 했어요. 죽은 동물의 몸에 전기를 통하게 하자 턱과 눈동자가 움직이는 걸 보고 사람의 몸에까지 손을 댄 것입니다.

사람 몸으로 한 실험에서도 동물 실험 때와 마찬가지로 얼굴, 손, 가슴 등의 근육이 경련을 일으켰다고 합니다. 하지만 사람이 살아난 것은 아니었어요.

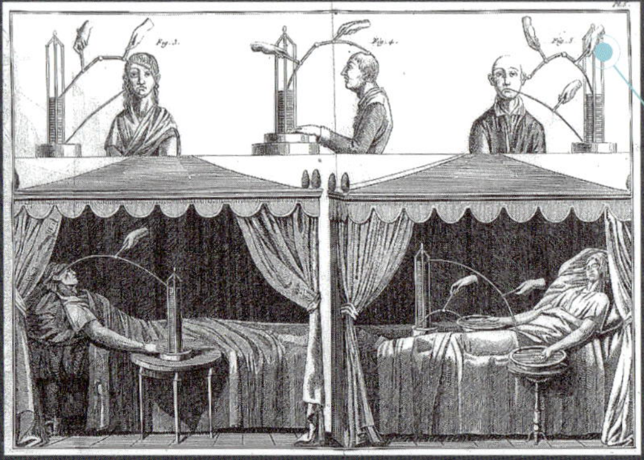

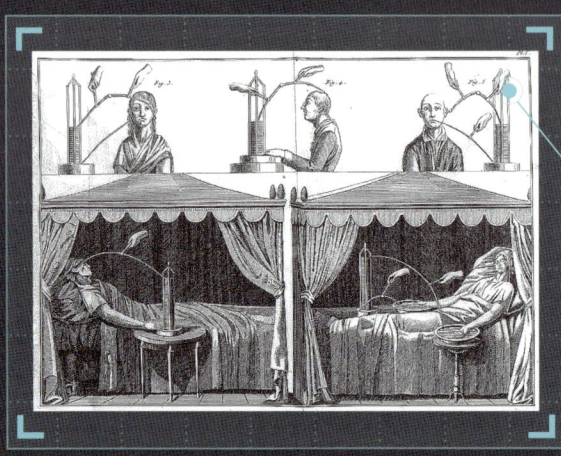

1803년 알디니의 실험 장면입니다. 영국 런던에서 처형당한 사형수의 시체에 전기 충격을 주는 실험을 했어요.

알디니가 했던 것과 비슷한 시도는 최근까지도 계속 이어지고 있습니다. 2019년에 미국 예일대에서는 뇌사자를 다시 살릴 수 있는 방법을 찾으려고 실험을 했어요. 죽은 지 4시간이 지난 돼지의 뇌세포에 특수 액체를 넣어 뇌세포를 살리려 했지요. 이 실험 결과 뇌를 부분적으로는 부활시켰다고 해요. 하지만 완전히 되살리진 못했습니다. 죽은 사람을 다시 살리는 방법은 없습니다. 그런데 이런 과학자들의 실험은 뇌졸중이나 뇌손상 같은 질병을 치료하는 데 도움이 되리라 기대하고 있어요. 물론 실험동물들을 고통스럽게 희생시켜도 되는가에 대한 문제는 여전히 남아 있습니다. 동물들의 고통까지 고려한 세심한 기준이 필요할 것입니다.

호기심 과학 Q&A

사람이 죽었다는 건 무슨 뜻인가요?

대다수 의학자들은 심장이 멈추고 호흡이 멈추면 사망했다고 인정해요. 그럼 기계의 도움을 받아 심장을 뛰게 하고 숨을 불어넣으면 살아 있는 몸이 될까요? 그래서 최근에는 뇌가 완전히 멈추어야 죽었다고 해요. 뇌가 죽은 환자에게서 생명 연장 장치를 떼고 장기를 기증하는 건 뇌사를 죽음으로 보기 때문입니다.

뇌사자가 다시 살아나는 건 어떻게 된 일이죠?

뇌 전체의 활동이 완전히 정지된 사람을 뇌사자라고 합니다. 뇌세포가 전부 죽어서 뇌의 활동이 멈춘 거지요.

뉴스에서 가끔 뇌사 판정을 받은 사람이 다시 살아나는 기적이 일어났다고 나옵니다. 그런데 뇌사자의 회복은 불가능합니다. 뇌사와 식물인간 상태를 구별하지 못해 나온 뉴스가 대부분이에요. 식물인간은 뇌사자와는 달리 대뇌의 일부 기능만 멈췄을 뿐이고, 스스로 호흡할 수 있습니다. 호흡과 소화를 조절하는 뇌의 부분인 '뇌간'은 활동하는 거죠. 그래서 가끔 의식 불명 상태에서 회복해 정상 생활로 돌아가는 사람이 있는 것입니다.

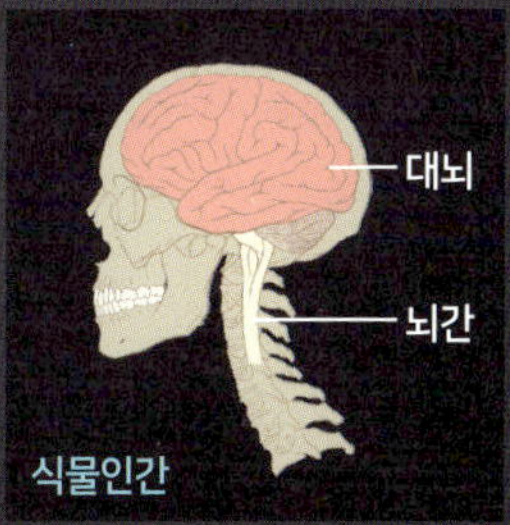

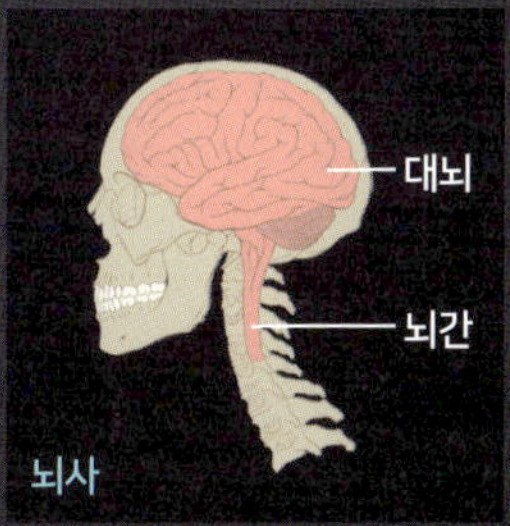

식물인간은 뇌간이 정상이지만,
뇌사자는 뇌간 또한 손상됩니다.

사건 파일 4 삼각우

탐정 노릇을 하는 뿔이 셋 달린 소

오늘도 터무니없는 사건을 쫓아 조사 현장으로 가는 날이었다. 다만 평소와 다른 점이 하나 있었는데, 아영의 똥차가 주차장에서 후진을 하다가 멈춰 버렸단 것이다. 용을 써도 움직이지 않는 차 때문에 결국 아영은 정보 지원 팀에 전화를 했다. 고맙게도 사정을 들은 정보 지원 팀의 연구원이 현장에 데려다주기로 했다.

그렇게 도착한 최기원 연구원은 선량해 보이는 미남이었다. 기원을 본 아영은 몸 둘 바를 몰라 하며 사과부터 했다.

"죄송해요, 기원 씨. 일이 많이 바쁘실 텐데 이렇게 폐를 끼쳐서 어떡하죠?"

"폐라뇨. 아니에요. 종종 현장에 나가

고 싶었는데 잘됐죠. 그동안 다리 때문에 현장에 나갈 기회가 많이 없었거든요. 앞으로도 필요하면 부담 없이 불러 주세요."

기원은 시원스레 웃으며 다희에게 차 문을 열어 주었다. 다희는 차에 타면서 기원의 다리를 힐끔 쳐다보았다.

'다리 때문에 현장에 나가지 못하다니, 그게 무슨 소리지?'

그러다 곧 기원의 왼쪽 다리가 의족인 걸 알아차렸다. 놀라서 퍼뜩 고개를 들었는데 기원과 눈이 딱 마주치고 말았다. 다리를 쳐다본 걸 들킨 것만 같아 다희의 얼굴이 순식간에 붉어졌다. 당황하는 다희에게 기원은 다정한 미소를 지어 주었다.

"공주님, 안전벨트 매 드릴게요. 어디서든 안전제일이니까요."

"공, 공주님이라니……."

다희는 난생처음 들어 본 말에 몹시 당황했다. 어쩔 줄 몰라 하는 다희를 두고 기원은 안전벨트를 빠르고 꼼꼼하게 매어 주었다. 그 모습을 본 아영이 우물쭈물하며 기원 쪽으로 몸을 기울였다. 누가 봐도 자기 안전벨트도 매어 주려나 기대하는 모습이었다.

그런데 그걸 본 기원은 다정한 목소리로 세상 냉정한 말을 했다.

"하하! 어른은 혼자 매셔야죠."

"앗, 그, 그렇죠!"

아영의 얼굴이 순식간에 붉어졌다. 순식간에 두 여성을 혼돈에 빠뜨린 기원은 아무렇지도 않게 운전석으로 가서 차 시동을 걸었다. 부릉부릉 출발하는 차 안에서 다희는 아영의 얼굴을 힐끔거렸다.

'아영 언니, 혹시 이 느끼하고 잘생긴 연구원을 좋아하나? 나는 아무한테나 공주라고 하는 아저씨는 싫은데…….'

어쩐지 이모의 연애가 싫은 조카의 기분이 되어서, 다희는 조금 기분이 나빠져 버렸다.

일행이 출발한 지도 벌써 한 시간 째, 차 안은 도서관처럼 조용했다. 아영과 다희가 사건 자료를 읽고 있었기 때문이다. 그 침묵을 깬 건 다희였다. 다희는 부루퉁한 얼굴로 말을 툭 내뱉었다.

"나는 이런 얘기가 싫어요."

갑작스런 다희의 말에 두 어른의 시선이 다희를 향했다. 다희는 계속 말을 이었다.

"무슨 소가 추리를 해요? 그리고 경찰관이 그걸 믿고 수사를 했다고요? 무슨 경찰 수사를 소 발굽 모양으로 운세를 점치는 부여시대 우제 점법처럼……. 올바른 수사가 아니라고 봐요."

"하하하! 다희 님 말이 맞긴 한데……. 그 경찰관에게 무슨 특별한 이유가 있지 않았을까요?"

기원이 투덜거리는 다희를 달랬다. 이번 사건은 다희 말대로 '소'에 관련된 것이었다. 전에 처리했던 무시무시한 거악이나 오싹한 효가와는 결이 다른 사건이라 부담감이 덜했지만, 못마땅하기로는 가장 못마땅했다. 사건의 전말은 이러했다.

사건 파일 4

범인 잡는 탐정 소 사건

사건 개요

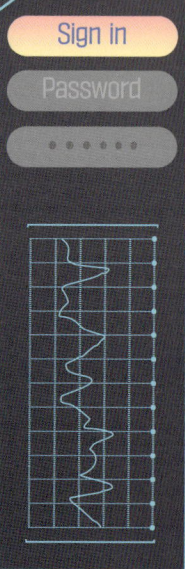

머리 한가운데 하얀 게 튀어나와 있는 특이한 소가 경찰 수사에 개입함.

Sign in

Password

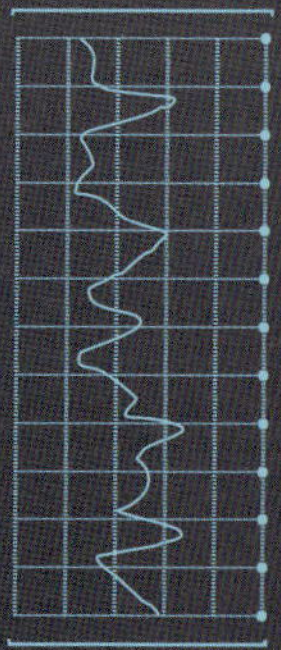

제보 내용

- 소가 수사를 하다니요! 제대로 된 수사가 맞았는지 진실을 밝혀 주세요!
- 소가 수사한다는 소문 때문에 수 년 동안 마을이 뒤숭숭했습니다. 전부터 제보하고 싶었지만, 형사님이 그만두실 때까지 기다렸습니다!
- 사실, 소가 짚은 범인이 진짜 범인이 맞았습니다. 형사님이 다 증거를 찾았어요. 그런데 어떻게 이런 일이 있을 수 있는지 궁금해서 제보에 동참합니다.

피해자

◆ 딱히 없음.
하지만 일부 마을 사람들이 경찰 수사를 불신하게 되어 혼란을 가져옴.

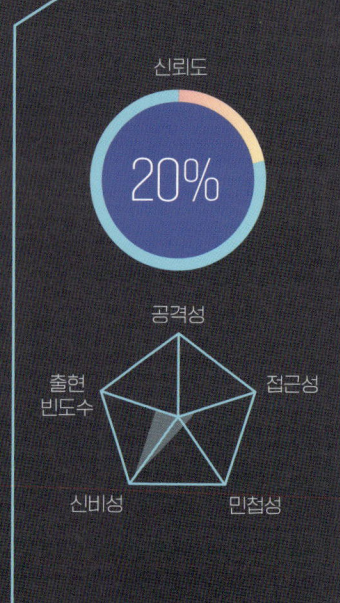

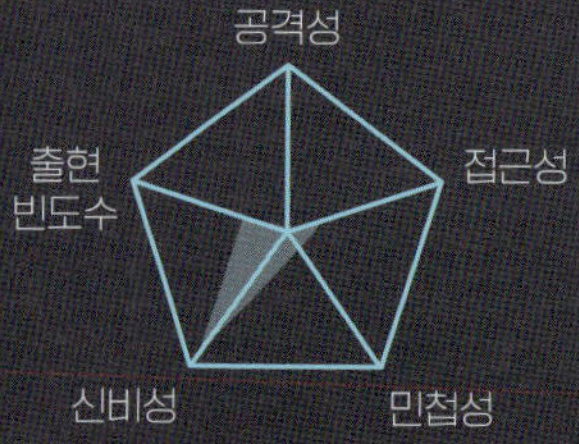

이 주 전, 강원도의 한 시골 마을에서 제보가 들어왔다. 이번에 은퇴한 형사가 그동안 소의 말만 듣고 수사를 했다는 내용이었다. 누가 봐도 헛소문 같았지만 괴물 팀은 제보가 들어온 이상 성심껏 조사해야 했다.

자세히 알아보니, 그 소는 머리 한가운데 하얀 게 튀어나와 있는 특이한 생김새를 지녔다고 했다. 문제가 된 형사는 용의자들을 세워 두고 그 소에게 누가 범인인지 물어봤고, 소는 그중 범인 쪽을 보며 울었다는데……. 놀랄 만한 것은, 소가 범인이라 짚은 용의자를 조사해 보면 백발백중 범인이 맞았다는 사실이다.

"놀랄 만한 정보는 또 있어요. 지난주에 새로운 제보가 들어왔는데요. 그 마을에 발굽으로 글을 쓰고, 인간 세상에 대해 자기 생각을 말하는 소가 있다네요!"

아영의 말에 다희는 픽 실소를 날렸다.

"탐정 소에 글을 쓰고 말하는 소까지? 그게 말이 돼요?"

"두 소가 같은 소일 가능성이 있겠는데요. 어쨌든 직접 가서 봅시다!"

그렇게 기원은 아영과 다희의 말다툼을 조용히 막았다.

괴물 팀은 굽이굽이 펼쳐진 산길을 지나 강원도의 작은 마을에 도착했다. 그런데 너무 늦게 온 것일까? 탐정 소는 벌써 팔렸다고 했다. 어찌어찌 판 곳의 연락처를 알아내 전화해 보았지만, 또 거기서도 팔아 버렸다고 했고……. 탐정 소를 찾는 데 시간이 더 걸릴 것 같자, 기원은 소의 위치를 확인하면 데리러 오겠다며 다희와 아영을 시내의 패스트푸드점에 내려 주고 떠나 버렸다.

다희와 아영은 햄버거 세트를 시켜서 순식간에 먹어 치웠다. 그러고는 꽉 찬 배를 꺼트리기 위해 열정적으로 사건 얘기를 나눴다.

“다희 님, 탐정 소는 좀 믿을 만하지 않아요? 세상엔 과학으로도 설명할 수 없는 신기한 일들이 정말 있다고요.”

그러면서 아영은 휴대폰으로 동영상을 틀어 다희에게 내밀었다. 뽀뽀하는 주인에게 고양이가 "싫어!"라고 말하는 영상이었는데, 다희가 보기엔 고양이가 말을 했다기보다 우는 소리가 비슷할 뿐이었다.

"이게 과학으로 설명할 수 없는 신기한 일이라고요? 사람 말을 하는 고양이가 세상에 어딨어요. 다 조작이거나 주인이 과장해 해석한 게 틀림없어요. 동영상 조회 수 많이 나오게 하려고요. 조사해 보면 다 들통날걸요? 정말이라면 뉴스에 나오고 대학에서 연구도 했겠죠."

다희는 아영이 보여 준 동영상을 그냥 꺼 버렸다. 잠시 뾰로통해 있던 아영이 갑자기 비장한 표정을 지었다.

"신기한 동물들은 정말 존재한다고요. 이것 좀 보세요."

아영은 가방에서 한 뭉치의 출력물을 꺼내 다희에게 보였다. 그 첫 장에는 소 그림이 인쇄되어 있었는데, 아영은 그 소를 가리키며 열변을 토했다.

"뿔이 셋 달린 소예요. 사람들은 이 소를 '삼각우'라고 불렀지요. 조선 시대 글인 〈유청량산록〉을 보고 그린 그림이랍니다. 이 글에 따르면 소는 무척 영리해서 사람 말을 알아듣고, 납득할 만

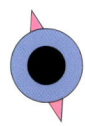

한 이유가 있으면 사람의 일을 도와주기도 했대요. 청량산에서 굉장히 유명한데, 온 힘을 다해 절 짓는 걸 도와주고 세상을 떠났다고 해요. 어쩐지 오늘 우리가 조사하는 사건하고 비슷하지 않아요? 그 소도 이마에 뿔 같은 게 튀어나와 있다고 했잖아요. 오늘 만나러 가는 소는 이 '삼각우'의 후손일지도 몰라요."

다희의 반응은 이번에도 좋지 않았다. 다희는 유치원생 때부터 산타클로스를 믿지 않았을 정도로 냉정한 어린이였다. 그런 다희의 눈에 삼각우가 진짜처럼 보일 리가 없었다.

"기록이 있다고 다 믿으면 우리는 정말 마늘 먹는 곰의 후손이게요? 언니, 세상엔 말하는 고양이도, 사람 말을 알아듣는 소도 없어요."

"아니, 웅녀도 믿지 않는다고요? 한국 사람이면 다 단군 신화 믿는 거 아니었어요?"

아영의 말에 다희의 표정이 차가워졌다. 다희야말로 어른이 아직까지 단군 신화를 믿을 거라곤 상상도 하지 못했다.

"그건 신화잖아요. 상징이라고요, 상징! 웅녀가 진짜 곰이 아니라 '곰을 숭배하는 부족'의 상징이라는 것 정도는 초등학생도 알아요."

"전 단군 신화를 믿는다고요! 다희 님과 있으면 제 꿈과 희망도 사라지는 것 같아요!"

아영이 속상한 티를 팍팍 내며 두 손으로 얼굴을 감쌌다. 하지만 다희는 그런 아영을 무시한 채 무심히 콜라를 들이켰다. 이건 둘 사이에 자주 있는 상황이었다. 아영이 허무맹랑한 말을 하고, 다희가 눈보라보다 차갑게 아영의 말을 깨부쉈다. 그래도 몇 분만 지나면 곧 아무 일도 없었다는 듯 둘 다 헤헤 웃었지만.

그렇게 다희와 아영이 한참 수다를 떨고 있는데, 어느새 기원이 둘 앞에 나타나 탐정 소의 위치를 찾았다고 했다.

기원은 두 사람에게 양해를 구하고 자동차의 속력을 높였다. 서두를 수밖에 없는 상황이었다. 기원이 이곳저곳 전화해서 알아낸 탐정 소의 현재 위치는 놀랍게도 도축장이었으니까. 체험 목장을 운영하던 주인이 경영난으로 소를 전부 팔게 되면서 탐정 소 또한 고기소로 팔려 가게 된 것이었다.

"우리가 가는 사이에 탐정 소가 도축되면 어떡해요?"

불안해하는 다희의 말 한마디로 순간 차 안에 침묵이 흘렀다. 세 사람 모두 손에 땀을 쥘 수밖에 없었다.

50분 뒤 다희와 아영과 기원은 도축장에 도착했다. 그런데 또 다른 문제가 그들을 기다리고 있었다. 도축장에 소가 많아도 너무 많았다. 수백 평은 될 널따란 울타리 안에 수백 마리의 소가 갇혀 있었다.

다희는 너무 허탈해서 혼잣말처럼 중얼거렸다.

"말도 안 돼. 이렇게 많은 소들 가운데 어떻게 탐정 소를 찾는담?"

행동파 아영은 당장 직원에게로 가서 방법을 찾으려 했다.

"혹시 저 소들 가운데 뿔이 세 개 달린 소를 보셨나요? 저희는 그 소를 애타게 찾고 있어요."

직원은 어깨를 으쓱일 뿐이었다.

"글쎄요, 못 봤는데요. 찾아보시는 건 자유입니다. 돈만 제대로 내시면 어느 소를 데려가셔도 상관없고요. 다만, 지금도 도축이 계속되고 있으니 빨리 찾으셔야 할 거예요."

"도축을 멈춰 주실 순 없나요?"

다희가 간절한 눈빛으로 직원에게 부탁했지만, 직원은 일이 밀려 있어 곤란하다고 거절했다.

어쩔 수 없이 세 사람은 울타리 안의 소들을 하나하나 살펴보기 시작했다. 소들의 뿔을 좇아 이리저리 눈을 굴리는 일은 쉽지 않았다. 어질어질했고 어디까지 확인했는지 헷갈리기도 했다. 그렇게 시간만 야속하게 흘러가자, 셋 모두 마음이 점점 답답해졌다.

참다못한 아영이 두 손을 번쩍 들어 올리며 소들을 향해 크게 소리쳤다.

"탐정 소! 뿔 세 개 달린 소야! 있으면 대답 좀 해 봐! 우리는 널 찾으러 왔어!"

하기야 사람 말을 알아듣고 추리까지 한다는 소였다. 정말 말을 알아듣는다면 아영에게 대답을 할지도 몰랐다. 아영은 물론, 다희와 기원도 실낱같은 희망을 가지고 주위를 살펴보는데, 정말 어처구니없는 일이 일어났다.

모든 소가 '내가 탐정 소요.' 하는 듯 음머, 음머 울기 시작한 것이다. 결국 이런 방법으로는 결코 탐정 소를 찾을 수 없다고 생각한 다희는 머리를 굴리기 시작했다.

'더 빠르게 소들을 확인할 수 있는 방법은 없을까?'

그때 다희의 발치에 철벅 무언가가 떨어졌다. 녹색과 흰색이 뒤

탐정 소!
어딨니?

섞인, 끈적끈적한 비둘기 똥이었다.

“으악, 맞을 뻔했다!”

다희는 깜짝 놀라 한걸음 펄쩍 뒤로 물러났다. 그리고 똥을 싸고 간 비둘기를 향해 주먹을 휘두르며 씩씩거렸다.

“이놈아! 똥은 사람 없는 데서 싸야지!”

아랑곳없이 저 하늘 멀리로 날아가는 비둘기를 보던 다희에게 좋은 생각이 났다.

‘그래, 하늘! 하늘에서 보면 소들의 이마를 훨씬 더 빨리 확인할 수 있지 않을까? 하늘에서 볼 수 있는 게 뭐가 있지? ……. 아, 드론! 요샌 드론으로 주차 단속도 한다던데, 어디서 드론을 빌릴 수는 없을까?’

다희가 저만치 떨어져 있는 기원에게 크게 소리쳤다.

“기원 아저씨! 어디서 드론을 빌려 올 순 없을까요?”

“드론이요? 아, 그러게! 드론으로 확실히 더 빨리 삼각우를 찾을 수 있겠어요!”

기원은 드론이란 단어만 듣고도 다희의 생각을 찰떡같이 눈치챘다. 그러고는 서둘러 자신의 차로 가서 노트북 한 대와 드론을 들고 다시 나타났다.

"다행이에요. 제 취미가 드론 날리기라……. 오늘 따라온 게 신의 한 수네요."

이이이이이이이이이잉!

심한 소음과 함께 드론이 날아올랐다. 곧 드론이 찍은 화면은 그대로 노트북에 나타났다. 기원은 노트북 화면을 통해 빠르게 수백 마리 소들의 이마를 확인했다.

얼마 지나지 않아 기원의 입에서 탄성이 터져 나왔다.

"저기 봐요! 이마에 뿔 같은 게 있는 소를 찾았어요!"

"어디, 어디요? 저도 볼래요!"

다희가 신나서 노트북 화면을 뚫어져라 보았다. 아영도 호들갑을 떨면서 노트북 화면에 얼굴을 가져다 댔다.

세 사람의 눈이 집중된 소는 이마에 타원형의 하얀 무늬가 있고, 그 부분이 짱구 이마처럼 살짝 튀어나와 있었다. 다른 소들과는 확연히 다른 그 모습에 세 사람은 그 소가 탐정 소라는 걸 한눈에 알아볼 수 있었다.

"제가 가서 데리고 나올게요!"

탐정 소의 위치를 확인한 아영이 서둘러 울타리 안으로 뛰어 들

이이이이이이잉~
이이이이이이잉~

어갔다. 하지만 소들이 하도 많아서 탐정 소가 있는 곳까지 가기는 쉽지 않았다. 한걸음 걸으면 이 소에 치이고, 또 한 걸음 걸으면 저 소에 치이고…….

아영이 고생하는 걸 보면서 기원과 다희는 한가롭게 풀밭에 앉아 있었다. 다희가 신이 난 목소리로 기원에게 주저리주저리 떠들어 댔다.

"도축되기 전에 탐정 소를 찾아서 정말 다행이에요. 드론 만세! 과학 만세!"

다희의 수다는 탐정 소가 아영의 손에 이끌려 울타리 밖으로 나올 때까지 계속됐다.

탐정 소는 극진한 대접을 받으며 특별수사청으로 옮겨졌다. 그리고 무수히 많은 지능 검사와 인지 검사를 받게 되었는데, 그 결과가 좀 의외였다. 지능이 다른 소들보다 조금 높긴 해도 그다지 특별할 게 없었다. 하나 특이한 점은, 사람의 감정을 알아차리고 공감해주는 능력이 높았다는 거였다. 특별수사청의 연구원들은 탐정 소 사건이 '영리한 한스 효과'의 사례라고 결론지었다.

'영리한 한스 효과'란 실험자의 기대나 바람, 행동이 실험 대상에 영향을 끼쳐 그에 따른 결과가 나오는 현상이다. 즉, 탐정 소는 형사가 의심하고 있는 피의자를 알아차리고 그저 그 사람을 지목한 것뿐이었다. 아영의 바람처럼 진짜 탐정 소가 아닌 그저 눈치 빠른 소였던 것이다.

아영에게 소의 검사 결과를 들은 다희는 다 짐작한 내용이라는 듯 고개를 끄덕거렸다. 그러다 아직 해결하지 못한 궁금증을 퍼뜩 떠올리고는 질문을 던졌다.

"소가 글을 쓰고 인간 세상에 대해 말한다는 제보도 있었잖아요. 그건 어떻게 됐어요?"

"아, 그건 아이들의 거짓말로 밝혀졌어요. 그 소가 마지막으로 있던 체험 목장 집의 아이들이 인터넷 여기저기에 가짜 증거를 만

들어서 올렸대요. 부모님이 소를 팔지 않았으면 해서요. 그걸 보고 누가 괴물 팀에 제보했고요."

"음…… 그랬구나."

사람의 감정을 잘 읽고 공감해 준다더니, 그 소는 원래 있던 집 아이들과도 친하게 잘 지냈던 모양이었다. 그런데 그 집은 이미 체험 목장을 정리하고 서울로 이사를 갔다고 했다. 서울 집엔 외양간이 없을 테니 소를 돌려주고 싶어도 그럴 수 없었다. 다희는 걱정스런 표정으로 아영에게 물었다.

"그러면 이제 그 소는 어떻게 되는 거예요?"

"그게 말이죠. 예전에 그 소와 같이 수사를 했던 형사님이 데려가신대요. 너무 잘됐죠?"

"정말요? 진짜 잘 됐네요!"

다희는 자기 일처럼 기뻤다. 결국 탐정 소의 정체를 밝혀서 제보자들의 오해를 풀었고, 도축당할 위기에 있던 소는 안전하게 예전 파트너의 품으로 돌아가게 됐으니까. 다희에게도, 그 소에게도 더없는 해피 엔딩이었다.

뿔이 셋 달린 소는 **신비한 힘**이 있다?

전설 속에서 살아남은 괴상한 소

뿔 셋 달린 소인 삼각우에 대한 기록으로 유명한 것은 조선 시대의 학자인 주세붕이 청량산을 유람하고 남긴 글인 〈유청량산록〉에 실린 간략한 이야기입니다. 이 이야기는 현대에도 경상북도 봉화 청량사에 있는 소나무에 관한 전설로 주로 언급되고 있어요.

처음 이곳에 절을 세울 때 스님들은 주변 사람들로부터 건설에 필요한 재물을 기부받았다고 합니다. 그런데 근처에 살던 어떤 사람이 희한하게도 뿔 셋 달린 소를 기부했다고 해요. 자기가 이 이상한 소를 얻게 되었는데, 소가 도무지 말을 듣지 않아 농사짓는 데 별 쓸모도 없다면서 말이죠.

그런데 소는 절을 짓는 공사 일은 또 대단히 열심히 합니다. 마치 공사를 조금이라도 빨리 진행하고 싶은 것처럼요.

나중에 소가 죽은 뒤에 소를 기려서 무덤을 만들어 주었는데, 그 무덤 근처에서 소나무 한 그루가 자라났습니다. 마침 소나무도 뿔 셋 달린 소를 상징하는 것처럼 세 개의 가지가 크게 자라났습니다. 그래서 뿔 셋 달린 소의 소나무라며 삼각우송이라고 부르고 있습니다.

경상북도 봉화 청량사에 있는 삼각우송입니다. 소나무의 가지가 셋으로 뚜렷하게 갈라져 있습니다.

과거에는 물자를 운반하는 데 소를 많이 사용했습니다. 공사 일에도 흔히 소를 썼어요. 열심히 일한 소가 안타깝게 죽는 일은 충분히 일어남 직하죠. 만약 이런 일이 일어났다면, 짐승의 목숨도 중요하게 여기는 불교 문화에서는 그 소가 무엇인가 알고 있는 것처럼 행동했다는 전설이 자연스레 생겨날 수 있었을 거예요. 게다가 소가 죽었던 자리 근처에서 마치 뿔이 세 개 돋아난 것 같은 소나무가 자라났다니, 그 소가 환생해서 소나무가 되었다는 이야기도 덧붙을 수 있었으리라 봅니다.

뿔이 셋 달린 소가 정말 있었을까?

소는 보통 뿔이 두 개 달려 있습니다. 그럼 옛 기록에 나온 뿔 셋 달린 소는 상상 속 동물이었을까요? 그렇지는 않을 것 같습니다. 최근에도 뿔이 평범한 종보다 하나둘 더 돋아난 동물이 세계 곳곳에서 심심찮게 발견되고는 하거든요.

2011년에 중국에서는 뿔이 넷 달린 양이 발견돼 화제를 모았어요. 양 또한 소처럼 보통 뿔이 두 개 나는데, 이 양은 뿔 두 개는 위로, 나머지 두 개는 아래로 나 있었지요.

미국 신시내티 동물원에서 찍은 뿔 셋 달린 양입니다.

2021년 파리-사클레 대학교 연구진들이 이 비밀을 밝히기 위해 나섰습니다. 연구진들은 유전자의 돌연변이 때문에 뿔이 네 개 돋아난 거라고 연구 결과를 밝혔어요. 돌연변이로 단백질이 줄어들어 뿔의 싹이 갈라졌기 때문이라고 했지요.

그렇다면 조선 시대에 나타났다는 삼각우 또한 돌연변이로 뿔 셋 달린 신기한 생김새를 갖게 되지 않았을까요? 신비로운 모습만큼이나 신비로운 능력을 덧붙여 이야기로 남겼을 테고요.

호기심 과학 Q&A

돌연변이가 뭐예요?

모든 생물은 세포로 이루어져 있어요. 세포 안에는 디엔에이[DNA]가 있는데, 여기 기록된 유전 정보가 자손에게 전달되지요. 그래서 부모와 닮은 눈 색깔, 머리카락 색깔, 혈액형 들을 갖고 태어나는 거예요. 그런데 가끔 디엔에이가 부모에게서 받은 원본과 달라질 때가 있어요. 이를 돌연변이라고 합니다. 돌연변이는 자연적으로 생길 수도 있고, 자외선이나 방사선 같은 것들의 영향으로 생길 수도 있어요. 그렇게 되면 부모에게는 없었던 새로운 특징이 나타날 수 있지요.

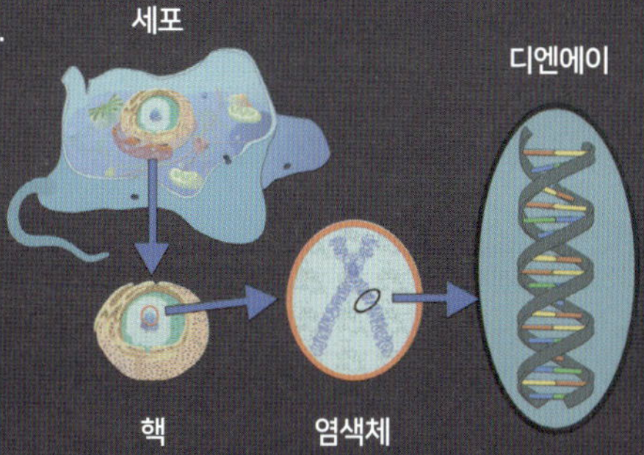

세포 안에 디엔에이가 있는 구조를 보여 줍니다. 여기 디엔에이가 갑자기 변해서 다음 세대에 전달되는 게 돌연변이예요.

돌연변이는 나쁜 건가요?

많은 돌연변이는 다운 증후군이나 암 같은 질병을 불러오는 등 나쁘게 작용합니다. 하지만 돌연변이를 무조건 나쁘다고만 할 수는 없습니다. 간혹 자연적으로 생긴 돌연변이 중에는 살아남는 데 유리하게 작용하는 것도 있어요. 예를 들면, 돌연변이로 적혈구가 낫 모양으로 변해 빈혈을 일으키는데, 이 적혈구를 가진 사람은 말라리아에 잘 걸리지 않는다고 합니다.

사건 파일 5 **자장**

신비로운 보랏빛 노루

"다희 님~."

금요일 밤, 아영이 슬금슬금 다희의 눈치를 봤다. 무슨 말을 할지 눈치챈 다희가 바로 눈을 세모꼴로 떴다.

"싫어요. 이번 주말에는 도서관에 가고 싶다고 했잖아요."

"아이, 그러지 말고요. 이번 일은 평소랑 좀 다르다고요. 말이나 좀 들어 봐요."

아영이 아예 자리를 뜨려는 다희를 주저앉히며 살살 꼬였다.

"이번 일은 무려! 뇌물 받은 정치인을 조사하는 거예요! 우리 손으로 나쁜 정치인을 잡을 수 있다고요! 더 좋은 세상을 만들 수 있죠!"

다희는 아영을 빤히 보다가 바로 고개를 끄덕이며 답했다.

"그래요, 더 나은 사회를 만들어야죠. 갈게요."

"네? 정말요?"

아영이 깜짝 놀라 눈을 동그랗게 떴다. 다희가 이상한 눈으로 쳐다보자 아영이 얼떨떨해하며 속내를 말했다.

"다희 님, 평범한 일이면 생각보다 쉽게 움직이군요. 평소에 괴물 팀 일은 그렇게 싫어했으면서……."

"괴물이나 좀비 일이 싫었던 거죠. 말도 안 되잖아요."

다희는 읽던 책을 탁 덮고는 자기 방 쪽으로 갔다. 책 좀 읽다 보니 벌써 10시, 잘 시간이었다.

"그럼 자세한 얘기는 내일 현장에 가면서 해요. 잘 자요, 언니."

"네, 다희 님도요."

다희 방의 문이 닫히자마자 아영은 얼른 텔레비전을 켰다. 어린이와는 함께 볼 수 없는 영화를 보기 위해서였다.

"꺅! 그래 이거지! 너무 재밌다!"

아영은 까르르 웃으면서 무시무시한 공포 영화에 집중했다. 베개에 머리를 대자마자 잠드는 다희로서는 절대 알 수 없는, 아영의 비밀스러운 취미 생활이었다.

보라색 노루 뇌물 사건

사건 개요

일부 정치인들이 보라색 노루를 뇌물로 받고 있다고 함.

제보 내용

모 유명 정치인이 뇌물을 받는 장면을 목격했습니다. 지리산 깊은 곳에서였어요. 사냥꾼으로 보이는 사람에게서 아주 신비롭고 귀해 보이는 동물을 건네받더군요! 그건 바로 보라색 노루였습니다! 보라색 노루라니, 저도 믿기지가 않아서 몇 번이나 눈을 비볐습니다. 그런데 정말 보랏빛이었어요. 그 사냥꾼이 보라색 노루를 몰래 사냥한 게 분명합니다! 그 정치인은 아무도 모르게 하려고 깊은 숲속까지 가서 이 뇌물을 받았겠고요. 부디 이 사건을 제대로 수사해 주십시오.
(이건 순수한 궁금증 때문인데, 보라색 노루의 값어치도 공개해 주시길 부탁드립니다.)

신뢰도

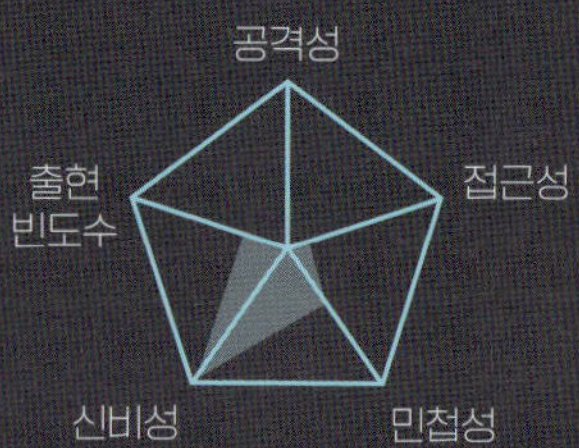

피해자

◆ 전 국민.
뇌물을 받은 정치인들이 국민에게 이롭지 않은 정책을 펴서 피해를 볼 수 있음.

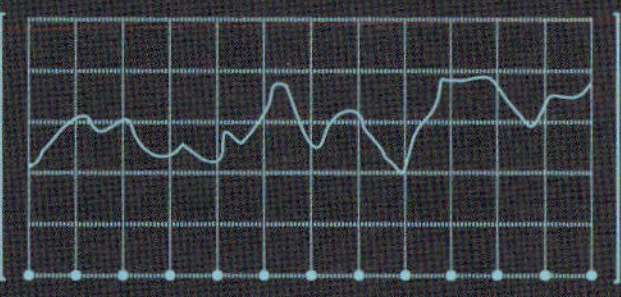

다음 날 아침. 아직 아영의 고물 차가 카센터에서 돌아오지 않았기에, 이번에도 기원이 두 사람을 사건 현장으로 데려다주게 되었다. 뻥 뚫린 고속도로를 달리면서, 세 사람은 사건에 대한 얘기를 시작했다.

그런데 정치인이 받은 뇌물이 돈도, 금도, 보석도 아니고 보라색 노루라지 않겠는가! 다희는 깜짝 놀라 아영에게 되물었다.

"잠깐만……. 뇌물이라는 게 보라색 노루였어요?"

"네, 제보에 따르면 요새 정치인들이 뇌물로 보라색 노루를 받는대요."

"세상에 보라색 노루가 어디 있어요? 염색시킨 거 아니에요?"

"염색한 게 아니라 진짜 보라색! 그러니까 엄청 비싸고 귀한 뇌물이죠."

다희는 아영의 말이 영 의심스러웠다. 만화영화 속 유니콘이라면 몰라도 실제로 있는 동물이 보라색일 수가 있나?

아영은 미심쩍어하는 다희의 눈빛을 알아차리고는 얼른 설명을 보탰다.

"아니, 다희 님. 유연하게 생각해 봐요. 보라색 나비도 있고, 분홍색 새도 있고, 똥파리는 심지어 오로라 빛으로 번쩍번쩍 빛나기까지 하는데! 보라색 노루가 없을 이유는 또 뭐예요?”

“음…… 그런가?”

아영의 화려한 말솜씨에 다희가 거의 넘어간 그때, 갑자기 기원이 대화에 끼어들었다.

“사실, 보라색 노루는 저도 조금 의심스럽긴 해요.”

"기원 씨?"

믿었던 기원이 갑자기 훼방을 놓다니, 아영은 마치 배신당한 것만 같았다. 그런데 기원은 그런 아영의 기분은 전혀 눈치채지 못한 채 말을 이어 갔다.

"노루 같은 포유류는 새나 곤충과 달라요. 몸속에서 색소 역할을 하는 화학 물질을 만들고 활용하는 능력을 갖추지 못한 채 진화했거든요. 그래서 나타낼 수 있는 색 종류도 굉장히 한정적이에요. 흰색, 검은색, 노란색, 빨강색, 갈색 정도죠. 보라색 노루는…… 거의 없다고 봐야겠죠?"

"윽, 하지만 문헌에 기록이 남아 있다고요!"

아영은 분해하며 얼른 휴대폰을 꺼냈다. 그리고 미리 조사해 둔 자료 파일을 열어 내밀었다.

"《삼국사기》를 보면 107년에 보라색 노루, 즉 '자장'이 잡힌 기록이 있다고요. 그뿐만이 아니에요. 조선 시대 역사책 《동국사략》에는 희귀 동물의 대표로 '자장주표', 즉 보라색 노루와 붉은 표범을 꼽고 있어요. 이처럼 보라색 노루는 역사책에도 많이 나온 나름 유서 깊은 동물이라고요!"

평소의 다희라면 문헌 기록이라고 다 믿느냐고 했겠지만, 이번

만큼은 애매했다. 하나는 삼국 시대를 다룬 역사서, 또 다른 하나는 조선 시대의 역사서였다. 같은 기록이 각기 다른 시대의 다른 책에 있다니, 꽤 신빙성 있게 들렸다. 기원도 가능성을 완전히 닫아 둘 순 없다고 생각했는지 슬쩍 꼬리를 내렸다.

"네, 네. 물론 있을 가능성도 있죠. 그러니까 우리 같이 가서 찾아봐요."

"흥! 꼭 찾을 거예요. 기원 씨와 다희 님, 두 분이서 편을 먹다니……."

다희와 기원은 잠깐 서로를 쳐다보다가, 곧 어깨를 으쓱하고 말았다. 딱히 아영의 말이 틀리지는 않았다. 굳이 편을 따지자면, 두 사람은 언제나 '과학 만세' 쪽이었으니까.

사건 현장은 대한민국 5대 명산으로 소문난 지리산이었다. 제보에 따르면 사냥꾼들이 여기서 자장을 몰래 잡아 정치인에게 뇌물로 주었다고 했다. 그걸 증명하기 위해서는 증거물인 자장이 필요했다. 즉, 자장을 직접 잡아야 하는 것이었다.

괴물 팀이 탄 차가 드디어 지리산 입구에 도착했다. 세 사람 모두 차에서 내려 높디높은 산을 올려다보았다. 아영과 기원은 황홀한 눈으로 산을 바라보는데, 다희는 완전히 기가 죽어 있었다. 이 험한 산을 어찌 올라가나 걱정이 앞서서였다.

그런 다희의 마음을 읽어서였을까. 기원이 다희와 아영에게 휴대폰을 내밀며 말했다.

"두 사람에게 위치 추적 앱 링크를 보냈어요. 이 앱을 깔아 주세요. 그러면 길을 잃어버리거나 자장을 잡았을 때 두 분이 어딨는지 제가 곧장 알 수 있어요."

다희는 앱을 깔며 그나마 안심했다. 만약 혼자 뒤처지더라도 이 앱으로 사람들이 자기를 찾으러 올 수 있을 테니까. 물론 애초에 뒤처지지 않는 게 가장 좋겠지만……. 다희는 미아가 되지 않기 위해 열심히 준비 운동을 했다.

다희와 아영은 자장을 찾아 산 깊은 곳, 더 깊은 곳까지 들어갔다. 등산 1시간 40분째, 등산로 따위는 벗어난 지 오래였다. 아영은 소풍이라도 온 것처럼 웃으며 재잘재잘 떠들었지만, 다희는 대답할 기력이 전혀 없었다.

“언니, 제발 말 좀 그만해요.”

“왜 사람 입을 막으려 해요? 난 너무 신나서 말을 멈출 수가 없는데!”

“아휴, 정말 못 말리는 언니야.”

다희가 기운 없이 중얼거린 그때 갑자기 다희의 옆에서 바스락 나뭇잎 스치는 소리가 들려왔다. 뭐지 싶어 고개를 돌리는 순간, 엄청난 소리가 다희의 귀를 때렸다.

깨액!

"무슨……."

다희는 먹먹한 귀를 잡으며 소리가 나는 곳을 쳐다보았다. 그 순간 나무 사이에서 반짝이는 검은 두 눈과 딱 마주쳤다. 갑자기 다희의 몸이 바짝 얼어붙었다. 그만큼 현실감이 없었기 때문이다.

은은한 보랏빛 노루가 다희를 쳐다보고 있었다. 작은 머리, 큰 귀, 긴 목, 날씬한 다리, 전부 평범한 노루와 같았지만, 털색만은 아름다운 보라색이었다.

다희가 이게 꿈인가 싶어 두 눈을 깜빡이던 그때, 갑자기 옆에서 아영이 소리를 지르며 뛰어나갔다.

"자장이다! 거봐요! 제가 있다고 했죠?"

그러면서 자장을 향해 휙 몸을 던졌다.

깨액!

자장은 바로 몸을 돌려 나무들 사이로 도망갔다. 아영은 조금도 망설이지 않고 그대로 자장을 쫓아 뛰었다.

"다희 님! 뒤처지지 말고 쫓아와요! 자장을 놓치면 안 돼요!"

"헉, 허억……. 언, 언니!"

다희는 그야말로 젖 먹던 힘까지 다해서 죽어라고 아영을 쫓아갔다. 그러나 벌써부터 지친 다희가 아영과 자장을 바짝 쫓아가는 것 자체가 말이 안 되었다. 결국 몇 분 쫓아가다 못해 그 자리에 풀썩 쓰러지고 말았다.

"헉, 헉, 헉, 헉. 언니, 언니!"

다희는 필사적으로 아영을 불렀다. 그러나 이미 거리가 상당히 벌어진 뒤였다. 순식간에 다희 혼자 깊은 산속에 남겨진 것이었다. 당황해서 주위를 둘러봤지만 사람 소리는커녕 바람 소리조차 들리지 않았다. 아직 한낮인데도 으스스했다.

얼른 휴대폰을 꺼낸 다희는 아영에게 전화를 걸었다. 하지만 휴대폰을 무음으로 해놓았는지, 아니면 자장을 쫓느라 정신이 없는지 아영은 전화를 받지 않았다. 그제야 혼자 남겨졌다는 실감이 들면서 다희는 무서워지기 시작했다. 힘들고 무섭고 불안해서 저도 모르게 눈물이 터져 나왔다.

"으, 흐흑, 으흐흑……."

평소에 다희는 우는 것보단 빨리 그 이유를 해결하는 게 낫다고 생각해 왔다. 마지막으로 운 게 언젠지 기억도 안 났다. 그런데 지금은 울 수밖에 없었다.

'아영 언니가 계속 전화를 안 받으면 어쩌지? 기원 아저씨가 깔아 준 위치 추적 앱이 잘 작동하지 않으면? 이대로 산속에서 미아가 되는 걸까?'

그렇게 얼마나 흘렀을까. 어느 순간 이상한 느낌이 들었다. 꼭 누군가가 다희를 지켜보고 있는 것 같았다. 잔뜩 긴장한 채 고개를 돌려 보니 풀숲 사이에서 자장 한 마리가 가만히 다희를 쳐다보고 있는 게 아닌가.

"어?"

다희는 너무 놀라서 눈물이 쏙 들어갔다. 저 보랏빛 노루는 아영이 쫓아갔던 그 자장일까? 그렇다기에는 좀 작은 것 같았다. 게다가 이 자장은 조금 전까지 쫓겼던 동물이라 하기에는 너무나도 평온해 보였다. 아까 전에 본 것과는 다른 자장 같았다.

섣불리 움직였다가는 도망갈 것 같아서 이러지도 저러지도 못하는데 자장이 사뿐사뿐 다희에게 다가왔다. 자장은 조심스레 다희의 머리에 코를 대고 킁킁 냄새를 맡더니, 다희를 자꾸 힐끔거리며 어디론가 향했다.

"따라오라는 건가?"

다희는 잠시 고민하다가 결국 몸을 일으켜 자장의 뒤를 쫓아갔다. 어차피 여기에 있어 봤자 미아 신세일 테니까.

자장은 다희와 손 뻗으면 닿을 듯 말 듯한 거리를 유지하며 산속을 종횡무진 누볐다. 도대체 어디로 가는지 몰라 불안했지만 다희는 그 뒤를 열심히 쫓았다. 한번은, 대답이 돌아올 수 없다는 걸 알면서도 자장에게 말을 걸어 보기도 했다.

"자장아, 날 어디로 데려가는데?"

그러면 자장은 힐끔 다희를 쳐다보고는 가던 길을 계속 갔다. 그냥 따라오기만 하라고 말하는 것 같았다.

몇 분이나 그렇게 산속을 달렸을까. 놀라운 일이 일어났다. 저 멀리 등산로가 보이기 시작한 것이었다.

"세상에! 너 설마 날 등산로까지 데려다준 거니? 어쩌면 이렇게 영리한 동물이 있을까?"

다희는 너무나도 고마워서 자장을 쓰다듬으려고 했다. 그런데 자장은 다희의 손을 살짝 피해 버리고는 그대로 뒤돌아 산속으로 사라져 버렸다.

얼떨떨한 표정으로 다희는 자장이 사라진 곳을 한참 동안 바라보았다. 마치 꿈이라도 꾼 것 같은 기분이었다.

그길로 등산로를 따라 산을 내려간 다희가 산 아래에 이르렀을 때, 아영에게서 전화가 왔다.

"다희 님, 괜찮아요? 정말 괜찮은 거죠? 미안해요. 전화를 준 줄

도 몰랐고, 저한테서 그렇게 떨어진 줄도 몰랐어요."

"처음엔 화났는데, 지금은 괜찮아요. 그럴 수도 있겠다 싶어요. 그런데 자장은 잡았어요?"

"잡긴 잡았는데……. 좀 저희 입장이 곤란해졌어요."

뭐가 곤란할까 의아해하는 다희에게 아영이 차근차근 설명을 이어 갔다. 사정을 듣자 하니…….

아영이 죽을 둥 살 둥 자장을 쫓아가다 도착한 곳은 한 실험 기관의 넓디넓은 우리였다. 그 안엔 수십 마리의 자장이 한가로이 풀을 뜯으며 놀고 있었고, 아영이 쫓던 자장은 부서진 우리 틈으로 쑥 들어가 버렸다. 그야말로 닭 쫓던 개 꼴이 된 아영이 무슨 일인지 알아보기 위해 실험 기관의 문을 두드렸다.

아영은 문을 열고 나온 연구원들에게 공무원증을 내보이고 물었다.

"저 우리 안의 자장들은 도대체 뭐죠?"

"자장이 뭔가요? 이건 그냥 유전자 실험체들인데요."

이 회사는 유전자 조작으로 색이 다른 동물들을 만드는 실험을 하고 있었고, 보라색 노루, 자장은 그들의 실험체였다.

알고 보니 정치인이 산행을 하다가 우연히 보라색 노루를 만난 걸 다른 등산객들이 보고, 멋대로 뇌물을 받는 모습이라 생각해서 신고한 것이었다.

결국 전설의 희귀한 자장 같은 건 없었고, 고생해서 발견한 건 얼마든지 복제가 가능한 유전자 조작 보라색 노루뿐이었다. 이 노루는 대량 생산이 가능했기 때문에, 뇌물로서의 가치는 전혀 없었다.

아영의 이야기를 다 듣고 다희는 생각이 복잡해졌다.

'날 등산로까지 데려다준 것도 유전자 조작 보라색 노루였을까?'

과학 만세를 외치던 평소의 다희라면 당연히 자신이 본 보라색 노루도 유전자 조작된 것이라고 봐야 했다. 그런데 어쩐지 그렇게 믿고 싶지가 않았다. 심지어 한편으로는 아영이 괴물을 믿는 게 다 이런 마음 때문이었을까 이해가 가기도 했다.

한바탕 소동 뒤, 결국 괴물 팀은 빈손으로 지리산을 떠날 수밖에 없었다. 돌아오는 차 안에서 아영은 잔뜩 풀이 죽어 다희에게 또 사과했다.

“미안해요. 오늘은 정치인 뇌물 사건을 해결한다고 했는데……. 엉뚱한 일로 다희 님을 고생시켰네요. 도중에 다희 님을 까먹기도 하고……. 입이 열 개라도 할 말이 없어요.”

흔치 않게 기죽은 아영을 보고 다희는 어깨를 으쓱이며 답했다.

“아니에요. 재미있었는걸요.”

“네? 재미있었다고요? 미아가 됐는데도요?”

“그게…….”

다희는 아영과 기원에게 오늘 있었던 신기한 일을 얘기하려다가 잠깐 고민에 빠졌다.

‘어른들은 분명 날 미아가 되지 않게 도와준 자장이 유전자 조작 노루라고 생각할 텐데…….’

결국 다희는 마음을 바꿔 하려던 말을 삼켰다.

“신기한 일이 있긴 있었는데, 비밀이에요!”

“비밀? 그러지 말고 알려 줘요.”

아영이 매달렸지만 다희는 입에 지퍼를 꾹 잠갔다. 오늘 있었던 일은 다희와 자장, 둘만의 추억으로 평생토록 간직하기로 했다.

보랏빛 노루가 나타났다?

쓸모없는 사치품? 좋은 운을 불러오는 징조?

《삼국사기》의 107년 음력 9월 기록을 보면 고구려의 임금이 자장, 즉 보라색 노루를 잡았다고 쓰여 있습니다. 그리고 바로 몇 달 뒤에, 임금님에게 주표, 즉 붉은 표범을 바친 사람이 있었다는 기록도 이어져 있어요.

《삼국사기》 107년 09월
가을 9월에 왕이 질산(質山) 남쪽으로 사냥을 나갔다가 자주색 노루를 잡았다.

이 시대의 역사를 쓴 조선 시대의 역사책 《동국사략》에서는 두 동물을 합해 '자장주표'라고 부르면서, 희귀하고 신기한 동물의 대표로 언급하고 있지요. 그런데 《동국사략》에서는 자장주표를 좋은 뜻으로 말하고 있지 않습니다.

임금이 자장주표처럼 자기가 보기에 그냥 신기한 것, 재미있는 것을 얻기 위해 막대한 재물을 쓰거나 너무 많은 시간을 사용한다면, 그 때문에 정말로 나라를 위해 꼭 필요한 일을 게을리하게 될지도 모른다. 그렇기 때문에 나라를 다스리는 일을 할 때에는 오히려 자장주표 같은 것을 경계해야 한다.

조선 시대 학자들의 생각에는, 보라색 노루와 붉은 표범이 현실적으로는 아무 쓸모가 없는 사치품이었던 것입니다. 현대의 역사학자들은 107년이 '태조 대왕'의 시대라는 점에 주목합니다. 태조 대왕은 고구려 6대 왕입니다. 그런데 첫 시작, 첫 번째 할아버지라는 뜻의 '태조'라는 이름이 붙은 것을 보면 고구려라는 나라를 튼튼하게 만드는 데 큰 공을 세운 임금이었을 가능성이 높습니다. 이런 관점에서 보면, 나라가 새롭게 거듭났다는 것을 알리는 신성한 징조로 자장, 주표 같은 동물을 등장시켰다고 해석할 수 있습니다. 하늘이 새로운 세상을 축복해서 신비로운 생물을 보냈다는 식으로 태조 대왕과 그 신하들이 주변에 소문을 냈다는 뜻이지요. 그렇다면 자장과 주표는 고구려, 나아가 한국의 좋은 운수를 나타내는 동물이라고 볼 수 있으며, 평화와 부유함, 성장과 발전을 뜻하는 짐승이라고 볼 수도 있겠습니다.

노루가 정말 보라색일 수 있을까?

곤충이나 새는 파랑색, 보라색 등으로 화려한 색을 띠기도 하지만, 포유류 동물은 흰색, 검은색, 갈색 정도로 색깔이 다양해지는 데 한계가 있습니다.

몸속에서 색소 역할을 하는 화학 물질을 만들고 활용하는 능력을 갖추지 못한 채 진화했기 때문이에요. 보라색 노루는 실제로 존재할 가능성이 아주 낮지요.

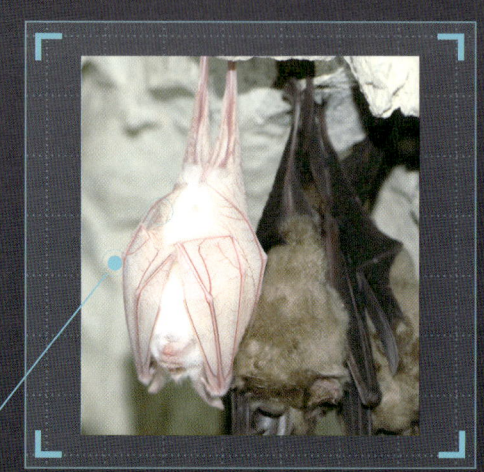

2019년 오대산에 발견된 하얀 박쥐입니다. 오른쪽 평범한 박쥐의 색과 비교해 보면 그 특이함을 바로 알아챌 수 있지요. 온몸에 다른 색소라고는 전혀 찾아볼 수 없는 매우 특이한 사례라 여러 언론들에서 좋은 징조가 아니냐고 기사를 내기도 했습니다.

그런데 같은 종의 다른 동물들과 다르게 독특한 색깔을 띠는 동물들이 있습니다. 원래는 갈색인 동물들이 신비한 흰 빛을 띠는 경우입니다. 이러한 흰 사슴, 흰 다람쥐, 흰 박쥐 등이 나타나면 사람들 사이에서 큰 화제가 되죠.

특이하게 새하얀 동물들은 어째서 몸 색깔이 이렇게 되었을까요?

그건 유전자에 돌연변이가 생겨 갈색 색소를 만들어 내지 못하기 때문입니다. 이를 '알비노' 또는 '백색증'이라고 불러요.

보라색 노루가 어디선가 나타나면 무척 신기하겠죠. 그렇지만 돌연변이라고 하더라도 보라색 노루는 나타날 확률이 아주 작습니다. 새하얀 노루가 나타날 수는 있겠지만요.

호기심 과학 Q&A

동물의 색깔은 어떻게 결정되나요?

동물의 색은 '멜라닌' 색소라는 화학 물질이 결정합니다. 멜라닌 색소는 갈색 계열과 붉은색 계열이 있어요. 이들 멜라닌의 양이 어느 정도냐에 따라 동물의 색깔이 달라지게 돼요. 사람으로 따지면, 검은 머리카락은 갈색 계열 멜라닌이 많아서, 붉은 머리카락은 붉은 계열 멜라닌이 많아서 그렇지요.

흔히 오드 아이라고 불리는 '홍채 이색증' 고양이입니다. 눈의 색깔 또한 멜라닌의 양으로 결정돼요. 유전자의 변화로 눈의 멜라닌 양에 차이가 생겨서 두 눈동자의 색이 달라집니다.

유전자 변형 기술로 동물의 색깔을 바꿀 수도 있나요?

세계 여러 과학자들이 유전자를 변형해서 동물의 색을 바꾸는 실험들을 합니다. 대표적인 게 형광 물고기인 '글로피시'예요. 형광 빛을 내는 해파리의 유전자를 물고기에 넣어 유전자 변형에 성공했습니다. 형광 빛 파랑, 노랑, 빨강 등 신비로운 빛을 뿜는 이 물고기는 반려동물로 미국에서 큰 인기를 끌고 있어요. 그런데 한편에서는 이 동물들이 환경에 나쁜 영향을 끼칠까 걱정합니다.

유전자 변형 파란 물고기

사건 파일 6 독각

한 다리로 펄떡펄떡 뛰어다니는 신출귀몰한 괴물

"아우! 독각인지 뭔지 도저히 잡히지 않네요. 동에 번쩍, 서에 번쩍, 자기가 무슨 홍길동인 줄 아나!"

아영이 가슴을 치며 식탁에 엎드렸다. 요즘 하고 있는 수사가 잘 되지 않아서다. 덩달아 고생 중인 다희도 몹시 피곤한 표정이었다.

여러 제보에 따르면 요새 인적이 드문 산속 공터에서 정체불명의 괴생물체가 발견된다고 했다. 한쪽 다리만 있는 괴물이 삿갓을 쓰고, 도롱이(짚으로 만든 옛날 비옷)를 두르고, 산속을 펄쩍펄쩍 나무 키만큼 높이 뛰어다닌단다. 게다가 눈빛은 무슨 레이저처럼 빛난다고. 제보 내용만 봐도 결코 사람은 아니었기에 괴물 팀이 나서게 되었다. 처음에는 외계인이 아닐까 의심했지만, 곧 아영은 옛 기록에서 이와 비슷한 괴물을 찾았다.

조선 시대 책인 《학산학언》에는 다리가 하나뿐이고, 눈을 희번

사건 파일 6

외발 괴물 출몰 사건

사건 개요

여기저기 외딴 산속 깊은 곳에서 한 발로 펄쩍펄쩍 뛰어다니는 괴생물체가 발견되었다고 함.

제보 내용

- 산속 깊은 데서 옛날 우산 같은 걸 쓰고 몸에 짚 같은 걸 두른 이상한 괴물을 보았습니다. 심지어 그 괴물은 한 발로 아주 높이 펄쩍펄쩍 뛰었습니다. 무서워 죽는 줄 알았어요. 제발 좀 잡아 주세요.
- 멀리서 그 괴물을 발견했습니다. 정체가 뭔지 궁금해서 계속 관찰했는데, 갑자기 삿갓 아래로 부릅뜬 눈이 보이더니 제 눈과 딱 마주쳤어요. 잡아먹힐까 봐 겁나 그길로 줄행랑을 쳤습니다.

Sign in

Password

••••••

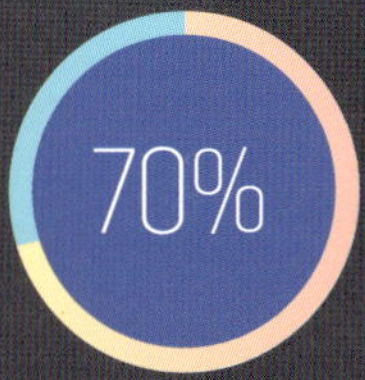

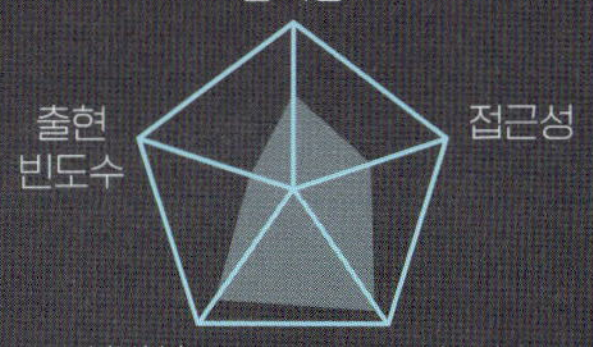

피해자

◆ 전겁나 씨(47세, 심마니). 괴생물체를 보고 도망가다가 넘어져 발목을 접질림.

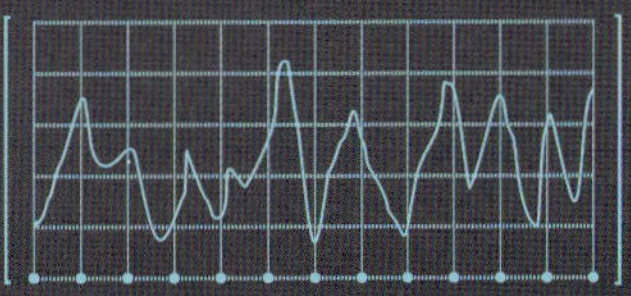

덕거리며 다니고, 뛰는 힘이 몹시 좋다는 괴물이 등장한다. 이 괴물과 만난 사람은 시름시름 앓게 되고, 괴물과 멀어져야 병이 나았다고 한다. 또한 이와 비슷하게 한 발로 뛰어다니는 괴물을 조선 시대 학자인 이익의 《성호사설》에서는 '독각'이라고 불렀다. 이들의 겉모습이 요즘 나타난 정체불명의 괴생물체와 비슷했기 때문에 아영은 모두 같은 종류의 괴물이라고 추측하고 있었다.

"이 산으로 저 산으로, 지금 헛수고만 며칠째예요? 독각인지 뭔지, 너무 안 잡히니 누가 지어낸 괴소문은 아닌지 의심돼요."

다희가 투덜대자 아영이 달래고 나섰다.

"마지막으로 딱 한 번만 더 수색해 봐요. 지금껏 다녔던 산들을 다시 둘러보고, 그래도 못 찾으면 그때 포기하자고요."

다희와 아영은 맨 처음 수색을 나왔던 산속 공터에 도착했다.

"좀 이상하지 않아요?"

주위를 살펴보던 다희가 고개를 갸웃하며 아영에게 물었다.

"그죠? 어딘가 모르게 묘한 느낌이 들어요."

그러고 주변을 한참 살펴보던 아영은 드디어 달라진 점을 알아챘다.

"누군가 여길 치우고 갔어요. 며칠 전 수색하러 왔을 때 쌓여 있던 나뭇잎도, 널브러져 있던 쓰레기도 다 사라졌네요."

다희의 눈이 똥그래졌다.

"어? 정말이네요. 여길 누가 치웠을까요? 이렇게 인적 드문 산속을 환경미화원님들이 치울 리도 없는데 말예요. 혹시 여기 나타났다는 독각? 아니면 독각 소동을 일으킨 사람?"

"글쎄요, 분명한 건 누군가가 무슨 목적을 가지고 여길 청소했다는 거예요."

아영의 말을 들은 다희가 빠르게 머리를 굴리더니 큰 소리로 외쳤다.

"누군가가 독각이 나타난 뒤에 늘 그 현장을 청소한다? 추리 영화에 나오는 말이 딱 맞았어요. '범인은 반드시 현장에 다시 나타난다!' 그럼 지금 당장 우리가 갈 곳은 분명한데요?"

"아, 어제 우리가 마지막으로 수색했던 경기도 야산! 당장 출발해요!"

두 사람은 바로 차로 향했다. 범인이 청소를 하고 가 버리기 전에 먼저 도착해야만 했다.

경기도 야산의 사건 현장엔 누군가의 흔적이 있었다. 어제는 보이지 않았던 수상한 트럭이 서 있었던 것이다. 트럭 짐칸은 천막으로 가려 있어 안에 뭐가 있는지 보이지 않았다.

다희가 얼른 차에서 내려 트럭 짐칸을 확인해 보려고 했지만, 아영이 그런 다희를 막아섰다.

"안 돼요. 다희 님은 차 안에 있어요. 위험할 수도 있잖아요."

아영의 단호한 말에 다희는 다시 자리에 눌러앉았다.

"네, 무슨 일 있으면 바로 기원 아저씨한테 전화할게요."

아영은 고개를 끄덕이고는 품에서 총을 꺼내 경계 태세를 취하며 트럭 가까이 다가갔다. 그러고 곧 트럭의 천막을 걷으며 소리쳤다.

"손들어! 움직이면 쏜다!"

짐칸에는 아무도 없었다. 아영은 짐칸을 둘레둘레 살펴보며 말했다.

"다희 님, 여기 트럭 안에 이상한 기계가 가득 있어요. 도대체 어디에 쓰는 건지 모르겠네. 꼭 영화 속 외계인 통신 기계 같은데……."

"정말요? 나도 가서 볼래요!"

마구 호기심이 샘솟은 다희가 밖으로 나가려고 차 문을 벌컥 열었다. 그런데 그때, 갑자기 펑 소리와 함께 아영의 뒤에서 무언가 불쑥 튀어 오르는 게 아닌가.

"아영 언니! 뒤!"

다희가 기겁하며 비명을 지르는 순간, 아영이 번개같이 뒤로 돌았다.

탕!

귀를 찢을 듯한 총소리가 울려 퍼지고, 아영 쪽으로 튀어 오르던 무언가는 힘없이 바닥으로 꼬꾸라졌다. 다희는 너무 놀라서 바로 차 밖으로 튀어나왔다.

"휴, 사람이 아니라, 이상한 기계네요."

아영이 쓰러진 형체를 확인하고는 안도의 한숨을 내쉬었다. 다행히도 그 커다란 형체는 삿갓을 쓴 이상한 기계였다.

"정말요? 다행이다. 정말 다행이야."

다희가 가슴을 쓸어내리던 그때, 저 멀리서 풀숲에서 바스락거리는 소리가 났다. 놀라 고개를 돌려 보니, 30여 미터 정도 떨어진

곳에 이상한 사람이 서 있었다.

“아영 언니! 저기, 저기 좀 봐요!”

다희가 가리킨 쪽에는 이마에 흉흉한 뿔이 달린 빨간 도깨비 가면을 쓴 사람이 있었다. 자신의 모습이 들통나자, 그 사람은 그대로 옆에 있던 오토바이를 타고 도망가 버렸다.

“도망간다! 쫓아가야 돼요!”

아영이 벌떡 일어나 도망치는 사람을 쫓으려고 했다. 하지만 다희가 얼른 아영을 막았다. 당장 범인을 쫓는 것보다 중요한 일이 있었다.

“잠깐만요, 언니. 지금은 이 기계하고 트럭을 챙기는 게 우선이에요. 우리가 자리를 비운 사이에 저 사람 일행이 와서 이것들을 가져갈 수도 있잖아요.”

“그러네요. 그럼 우리는 기계를 챙겨서…….”

기계를 챙기려 허리를 굽힌 아영이 갑자기 놀란 눈을 했다.

"다희 님, 이 기계 좀 봐요. 눈이 레이저처럼 빛나고 다리가 한 쪽이에요. 헉, 설마 독각?"

"와, 정말이네요. 기계 독각이었어요! 어서 복귀해서 조사해 봐요."

다행히 트럭에 키가 꽂혀 있었기에, 다희와 아영은 기계 독각을 포함한 모든 증거품을 트럭에 실어 갈 수 있었다.

사흘 뒤, 트럭 안 기계 장치들과 기계 독각의 조사가 끝났다. 그 정체는 상상보다도 훨씬 더 무시무시했다.

"사스 바이러스요?"

놀란 다희와 아영이 동시에 소리쳤다. 기원은 무거운 얼굴로 고개를 끄덕였다.

"네. 기계 독각의 눈 부분이 사스 바이러스가 든 유리 캡슐이었어요. 삿갓처럼 생긴 부분은 프로펠러였고요. 이 기계 독각은 프로펠러를 이용해 일정 높이 이상 날아오르게 되면 유리 캡슐이 터지도록 디자인되어 있었어요. 그러니까…… 이걸 만든 사람은 높은 곳에서 바이러스를 멀리까지 뿌리려고 한 거예요."

다희는 이 사실이 도무지 믿기지 않고 너무 겁났다.

"설마…… 무서운 병을 퍼트리려고요?"

"네, 그래서 그동안 산속 공터에서 이 기계 독각들을 시험했던 것 같아요."

범인이 기계 독각을 이용해 생화학 테러를 계획하고 있다는 얘기였다. 다희는 정신이 아찔해졌다.

'이 끔찍한 계획을 무슨 수로 막는담? 그 악당은 이미 도망갔고, 언제 어디서 테러를 벌일 계획인지조차 알 수 없는데. 아까 트럭과 기계 독각을 포기하더라도 범인을 쫓아야 했을까?'

다희와 아영이 난감한 표정을 짓고 있을 때, 기원이 반가운 이야기를 했다.

"그동안 경찰과 협조해서 트럭이 다닌 곳을 조사했어요. 그 트럭은 최근에 서울 명동에 자주 갔다더군요. 이번 주말에 명동에서 세계 음식 축제가 열리고요. 우리는 범인이 거기서 테러를 저지를 거라고 예상하고 있어요."

"짚이는 곳이 있어서 다행이네요!"

다희의 구겨진 표정이 금세 펴졌다. 그런데 기원은 여전히 긴장한 얼굴이었다.

"하지만 다른 곳일 가능성도 있어서……. 특별수사청과 경찰이 협력해서 서울 중심지 이곳저곳에 요원들을 보내기로 했어요. 그래서 말인데요. 아영 씨가 명동 팀에 합류해 주지 않겠어요? 범인이 나타날 가능성이 가장 높은 곳이거든요. 아영 씨의 사격 실력이 분명히 도움이 될 거예요."

"물론이죠! 테러를 막는 데 제가 도움이 되었으면 좋겠어요."

"저도 갈게요!"

아영을 따라 다희도 흔쾌히 대답했다. 그러나 이게 웬걸? 평소와 다르게 아영이 엄한 표정으로 다희를 돌아보지 않겠는가?

"안 돼요. 이건 더 이상 괴물 사건이 아니잖아요. 그러니까 굳이 특수 능력자가 같이 갈 필요는 없어요. 이번 사건은 이제 저 혼자 맡을게요. 다희 님은 안전하게 집에 있기로 해요."

"뭐라고요?"

다희는 배신감에 입을 쩍 벌렸다. 매번 싫다는 사람을 억지로 사건 현장에 끌고 가더니, 이젠 필요 없어졌다고 바로 두고 간다고?

"위험하면 차에 있으면 되잖아요. 따라가게 해 주세요."

아무리 졸라도 아영은 단호하게 고개를 저었다. 결국 그날은 아영만 현장에 가기로 결정되었다.

다희는 집에 있겠다고 아영과 약속까지 했지만 결국 세계 음식 축제가 열리는 날 명동으로 나왔다. 아영이 걱정되었기 때문이다. 물론 자신이 아영의 일에 도움이 되지 않는다는 걸 알았다. 그래도 자꾸만 기계 독각을 처음 마주했던 날이 떠올랐다. 그날 자신이 아영에게 소리쳐 주의 주지 않았다면, 기계 독각이 높이 떠올라 아영에게 바이러스를 뿌렸을지도 몰랐다. 어쩌면 이번에도 그런 일을 막을 수 있지 않을까 생각하니 나오지 않고는 도저히 견딜 수가 없었다.

"맛보고 가세요. 맛있는 정어리 파이입니다!"

세계 음식 축제는 수많은 사람으로 북적거렸다. 다양한 나라 사람들이 자기 나라 음식을 팔고 있었고, 관람객들은 모두들 행복한 표정으로 먹고 또 먹었다. 여기에 바이러스가 퍼진다면 그야말로 대재앙이 날 게 분명했다.

다희는 모자를 꾹 눌러쓴 채 주변을 살피며 걸었다. 첫 번째 목표는 아영을 찾아 뒤에서 조용히 지켜보는 거였고, 두 번째 목표는 범인이 혹시라도 숨겨 놓았을지 모르는 기계 독각들을 찾는 것이었다. 그러나 사람들에 휩쓸리기만 할 뿐, 아영도 독각도 찾을 수 없었다.

다희는 30여 분을 헤맨 뒤 결국 케밥 하나를 사서 벤치에 주저앉았다. 너무 힘들고 지쳐서 조금만 쉬었다가 다시 움직이기로 했다.

다희가 케밥을 한 입 베어 물었을 때였다. 갑자기 근처에서 큰 소리가 났다.

"꺄악! 다 젖었어!"

"아저씨! 이쪽도 뿌려 주세요!"

시끄러운 물소리와 함께 사람들이 웃고, 더러는 짜증 내는 소리가 났다. 대체 무슨 일인지 몰라 다희는 케밥을 주머니에 쑤셔 넣고 소리가 나는 쪽으로 뛰어갔다.

저 멀리 행사장 가운데에 전에 보았던 빨간 도깨비 가면을 쓴 사람이 보였다. 그 사람은 소화전에 연결한 기다란 소방 호스를 쥔 채 사람들에게 마구잡이로 물을 쏘고 있었다. 주변 사람들이 웅성웅성했다.

"뭐야? 물 축제도 하나 봐."

"우리도 물총 사서 놀자! 재밌겠다!"

흩뿌려진 물살은 따가운 여름 햇살 아래에서 무지개를 만들었고, 사람들은 점점 더 행사장 가운데로 모여들어 아예 물총 축제를

벌였다. 빨간 도깨비가 사람들을 모으다니, 다희는 심상치 않은 상황이라 직감하고 아영에게 전화를 하려고 했다. 그런데 그 순간, 아영이 사람들을 헤치고 나타났다.

"호스 버려! 당신을 테러 모의 혐의로 체포한다!"

아영은 도깨비에게 총을 겨누고 소리쳤다. 그러나 도깨비는 콧방귀를 뀌며 어깨를 으쓱였다.

"테러 모의? 물 좀 뿌린 게 테러라고? 공무원 나리, 이거나 드셔!"

사람들에겐 약하게 물을 뿌리던 도깨비가, 물 강도를 최고로 높여서 아영에게 뿌려 댔다. 어마어마한 세기의 물줄기가 아영을 덮쳤고, 아영은 그 힘에 못 이겨 바닥에 넘어지고 말았다. 도깨비는 그 틈을 타 호스를 버리고 도망가기 시작했다.

"잡아 볼 테면 잡아 봐!"

"이 녀석이!"

아영은 얼른 일어나 도망가는 도깨비를 쫓으려고 했다. 그런데 그때, 다희가 소리쳐 아영을 불렀다.

"아영 언니, 안 돼요!"

익숙한 목소리에 아영이 놀라 주변을 두리번거렸다. 아영과 눈이 마주치는 순간, 다희는 크게 외쳤다.

"일부러 물 축제인 척 사람들을 여기에 모았어요! 분명 여기에 기계 독각을 숨긴 게 틀림없어요! 지금 도망가는 건 언니를 현장에서 멀어지게 하려는 수작이에요!"

아영은 그 말을 듣자마자 행사장 중앙으로 뛰어갔다. 그러고는 하늘을 향해 사격 자세를 취했다. 기계 독각이 날아오르면 바로 맞혀 추락시키기 위해서였다. 그 모습을 본 도깨비는 뛰던 걸음을 멈추고 길길이 날뛰며 악을 썼다.

"멍청아! 어린애 말을 믿는 거냐? 나를 잡을 기회라니까? 쫓아오

기만 하면 잡을 수 있어!"

도깨비의 도발에도 아영은 꿈쩍 않고 하늘만 뚫어져라 볼 뿐이었다. 도깨비의 말은 틀렸다. 아영에게 다희는 그냥 어린애가 아니었다. 괴물 팀의 소중한 동료였다.

몇 초 뒤, 시계가 3시를 가리켰다.

펑! 펑! 펑! 펑!

행사장 중앙 동서남북 네 군데에서 노점 천막들을 찢고 기계 독각들이 순식간에 날아올랐다.

탕! 탕! 탕! 탕!

아영은 빛과 같은 속도로 기계 독각들의 프로펠러 부분을 모두 쏘아 맞혔다. 기계 독각들이 쿠당탕 소리를 내며 바닥에 떨어졌다.

"으악! 무슨 일이야!"

"방금 총소리 맞죠?

사방에서 비명이 터져 나왔다. 우왕좌왕하는 사람들로 주변이 완전 난리 통이었다.

"여러분, 당황하지 말고 질서 있게 저희 지침을 따라 주세요!"

주변에 대기하고 있던 경찰들이 사람들을 대피시켰다. 특별수사청 요원들은 서둘러 기계 독각을 수거하기 위해 달려갔다. 혹시라도 캡슐이 깨져 바이러스가 새는 일이 없도록 이미 수거 준비를 다 해 둔 상태였다.

다희가 안도의 한숨을 내쉬던 그때, 갑자기 누군가가 다희를 세게 밀쳐 넘어뜨렸다. 도깨비가 어느새 다희 코앞에 다가와 있었다.

"꺄악!"

"감히 내 계획을 방해해? 네가 지구를 죽인 거야!"

"뭐? 그게 무슨……."

"지구를 오염시키는 사람 따위가 사라져야 지구가 살아. 오늘은 실패했지만, 다음엔 반드시 성공할 거다!"

다희가 놀라 아무 말도 못하고 있던 그때, 뒤에서 아영이 소리를 지르며 뛰어왔다.

"그 애한테서 떨어져!"

"칫, 두고 보자!"

도깨비는 다희를 두고 사람들 사이로 도망가 버렸다. 다희는 아영이 당연히 그 도깨비를 쫓을 거라고 생각했지만, 그러지 않았다. 아영은 먼저 다희가 괜찮은지 확인했다.

"왜 왔어요! 위험하니까 집에 있으라고 했잖아요!"

"죄, 죄송해요……."

다희는 기가 죽어 사과했다. 말도 안 듣고 나온 데다 도깨비한테 당할 뻔하기까지 했으니 입이 열 개라도 할 말이 없었다. 한소리 들을 준비를 하고 있는데, 아영은 갑자기 다희를 꼭 끌어안았다.

"아니에요. 그래도 덕분에 테러를 막을 수 있었으니까."

아영의 품 안에서, 다희는 아영이 떨고 있는 것을 눈치챘다. 다희를 무척이나 걱정하고 있었던 모양이었다. 고마움과 미안함에 다희의 눈가가 붉어졌다. 다희 또한 아영을 힘껏 마주 끌어안았고 누구도 다치지 않아서 다행이라고 속으로 중얼거렸다.

아영이 코를 훌쩍이며 다희의 손을 잡았다.

"자, 같이 집에 돌아가요."

다희는 잡은 손을 꼭 쥐고 고개를 끄덕였다.

'함께 집으로 돌아갈 사람이 있다는 건 정말 기쁘고 감사한 일이야.'

호기심 과학 Q&A

바이러스의 정체가 뭔가요?

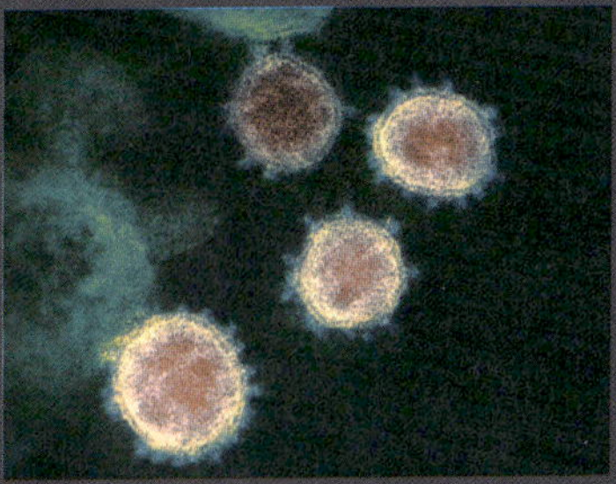

전자 현미경으로 본 코로나19 바이러스 이미지입니다. 바이러스 입자는 지름이 대략 0.05~0.2마이크로미터입니다. 거미줄이 3~8마이크로미터예요. 비교하면 얼마나 작은지 알 수 있지요.

바이러스는 동물, 식물, 세균 따위의 살아 있는 다른 세포 안에서만 살 수 있는 것입니다. 스스로는 살 수 없지요. 이 다른 세포, 즉 숙주 세포에 붙어서 자기 유전 물질을 집어넣어 마구 복제해 수를 늘려요. 그러고 세포를 뚫고 나오는데, 이때 숙주 세포가 망가져서 질병을 일으킵니다. 바이러스는 다른 세포에 기생하는 세균(박테리아)과 질병을 일으킨다는 점에서는 같지만 대부분 아주 다릅니다. 세균은 하나의 세포로 구성되어 있는 생물이고, 혼자서도 수를 늘릴 수 있어요.

백신은 어떻게 바이러스를 막나요?

백신을 맞으면 위험한 질병을 예방할 수 있습니다. 이것을 예방 접종이라고 하죠. 우리 몸은 기억력이 무척 좋아서, 한번 싸워 본 바이러스를 기억했다가 다음에 또 같은 바이러스가 들어오면 더 잘 싸워요. 그래서 미리 아주 약한 바이러스를 몸에 넣으면 진짜 바이러스가 몸에 들어왔을 때 잘 이겨 낼 수 있지요. 이때 미리 넣는 약한 바이러스가 바로 백신이에요. 천연두와 홍역뿐 아니라, 광견병, 황열 등 여러 위험한 질병을 백신이 막아 주고 있습니다.

초판 1쇄 발행 2022년 9월 14일
초판 4쇄 발행 2024년 11월 5일

글쓴이 곽재식, 강민정
그린이 박그림
펴낸이 최순영

교양 학습 팀장 김솔미
키즈 디자인 팀장 이수현

펴낸곳 ㈜위즈덤하우스 **출판등록** 2000년 5월 23일 제13-1071호
주소 서울특별시 마포구 양화로 19 합정오피스빌딩 17층
전화 02) 2179-5600 **내용문의** 02) 6748-3802
홈페이지 www.wisdomhouse.co.kr **전자우편** kids@wisdomhouse.co.kr

ISBN 979-11-6812-332-8 73400

사진 출처
37쪽 출처- 국사편찬위원회, https://www.history.go.kr/ **38쪽** ⓒFinnish Tourist Board, 위키피디아 제공 **39쪽** ⓒGeek3 위키피디아 제공 **62쪽** 출처- 국립진주박물관, https://jinju.museum.go.kr/ **63쪽** 충북대학교박물관 제공 **64쪽** 진주교대 부설 한국지질유산연구소 제공 **65쪽** ⓒPatrick Doll, 위키피디아 제공 **89쪽** 출처- 국립중앙박물관, https://www.museum.go.kr **90쪽** ⓒWellcome Library, London, 위키피디아 제공 **91쪽** ⓒPatrick J. Lynch, 위키피디아 제공 **115쪽** 사진작가 이원선 제공 **116쪽** ⓒLtshears, 위키피디아 제공 **117쪽** ⓒSponk, Tryphon, Magnus Manske, User:Dietzel65, LadyofHats (Mariana Ruiz), Radio89, 위키피디아 제공 **140쪽** 출처- 국립중앙박물관, https://www.museum.go.kr **142쪽** 연합뉴스 제공 **143쪽** ⓒKeith Kissel, 위키피디아 제공 **143쪽** ⓒRobert Kamalov, 위키피디아 제공 **169쪽** 출처- 한국학중앙연구원, http://encykorea.aks.ac.kr/MediaService **170쪽** 출처- 국립중앙박물관, https://www.museum.go.kr **171쪽** ⓒNIAID-RML, 위키피디아 제공